IM REISSVERSCHLUSS DER ILLUSION

Lyrik

57 Facettengedichte,
jeweils drei Facetten eines Motivs.

Zweiter Band einer Trilogie.

Harald Birgfeld

Harald Birgfeld, geb. in Rostock, lebt seit 2001 in 79423 Heitersheim. Von Hause aus Dipl.-Ingenieur, befasst er sich seit 1980 mit Lyrik. In mindestens 27 Anthologien ist er vertreten. Titel aller derzeitigen Veröffentlichungen im Anhang. Harald Birgfeld schrieb seine Gedichte überwiegend während der Fahrten in der Hamburger S-Bahn zur und von der Arbeit, inzwischen mehr als 12.000 Strophen.

Aus dem Gutachten, 1986, einer an der Universität Freiburg tätigen Literaturwissenschaftlerin:
"Es lohnt sich, einmal einen heutigen Dichter kennen zu lernen, der mit der deutschen Sprache einen faszinierend fremden Weg betritt und trotzdem dem Leser Freiraum lässt für eigene Gedankengänge, ohne dass die Probleme in erhobener Zeigefingermanier zu zeitkritischen Trampelpfaden werden."

Buchumschlag: Harald Birgfeld

1. Band der Trilogie: Die Frau des Terroristen
3. Band der Trilogie: Die Insassinnen

Herausgeber, Autor, Redakteur: Harald Birgfeld.
e-mail: Harald.Birgfeld@t-online.de
Im Internet unter : www.Harald-Birgfeld.de
Buchumschlag: Harald Birgfeld

Herstellung und Verlag:
BoD - Books on Demand, Norderstedt
ISBN 9783746098005

3

Inhaltsverzeichnis nach Themen ....Seite

Inhaltsverzeichnis alphabetisch, ...Seite

Frühling

Blütenloser Frühling

Die blonden Haare waren ihr schnell abgemagert,
Und sie trug als Kopfschmuck
Ringe unter ihren Augen,
Und sie war noch keine dreißig Jahre alt.
Ihr Schwur,
Sie würde gerne eine Freiheit
Gegen eine andre tauschen,
Kam ihr später viel zu kindisch vor.

Sie hatte sich gedacht,
Wenn alles so gelänge, wie sie dachte,
Würde sie sich auch die Zähne
In der neuen Freiheit richten lassen,
Und sie hatte noch das Wort des Arztes
In den Ohren:
"Wenn Sie drüben sind,
Dann lassen Sie sich alles machen,
Und die Brücke machen Sie aus Gold!"

Sie hatte ja ihr gold'nes Kreuz,
Das wär' ein Opfer,
Und ihr Glaube war ganz fest,
Der hätte nicht darunter leiden können.

Und nun saß sie hier in einem Kellerloch,
Das war als Wohnung gar nicht schlecht,
Und fraß an ihr
Und an dem Kind.

Das Kreuz, das sie am Hals mit einem Kettchen trug,
War unberührt geblieben,
Und sie trug ein andres Kreuz,
Das brauchte dieses kleine,
Und die Zähne richtete man hier mit Kunststoff,
Der war billiger und besser.

Doch das schlimmste war ihr Frühling,
Der kam nicht in Blüte,
Und er hatte doch so hoffnungsvoll begonnen.

Drüben in dem Nachbarland
Stand man als junge Frau
Und hoffte auf den Mann, den man nicht kannte,
Aus dem Nachbarland,
Der durfte ein und aus
Und auch die Ehefrau.

Sonst war das Nachbarland kein Nachbarland,
Man hatte einen Giftzaun hochgezogen,
Und sie hatte diesen Mann gefunden,
Und er fuhr in jeder Woche einmal
Ihre Straße an,
Und viele Frauen kamen her,
Und viele Frauen sah man auf der Straße,
Und sie hatte dieses Glück gehabt
Und etwas mehr.

Dann kamen sie voran und her,
Sie hatte ihm ihr Herz
Nun wirklich aufgeräumt
Und konnte lieben,
Wie sie ihm es von sich wünschte,
Und sie blieb für ihn
Und auch das Kind,
Ein flüchtiges Gesindel,
Das hing ihm an seinem Hals.

Vorfrühling

Sie war noch Schülerin
Und kam aus gutem Haus,
Sie war ein Musterkind
Und war ein liebes, frohes, lebensfrohes
Und gesundes Kind
Und war im Übergang vom Mädchen

Zu dem Zwischending,
Das wäre gerne eine Frau
Und möchte doch ein Mädchen bleiben,
Und das Fräulein hatte man ja abgeschafft,
Das wäre so ihr Zustand,
Den würd' sie natürlich leugnen,
Wenn man danach fragte,
Und sie stand ein wenig fester
In der Spur als andere
Und hinterließ nur Spuren,
Die ein wenig freundlicher als andre waren.

Väter würden sie sich leicht
Als Schwiegertochter wünschen können,
Aber das war auch nicht zeitgemäß
Und nicht modern,
Obwohl man dieses Mädchen ohne Zögern
Lieber unmodern gesehen hätte,
Und sie war's vielleicht im Grunde auch.

Sie selbst war,
Wenn man sie in Ruhe ließ,
Mit sich beschäftigt,
Und sie spielte eines dieser Saiteninstrumente,
Und sie hatte Unterricht
Und kleidete sich angenehm
Und immer etwas unbewusst
Und dann bewusst zu ihrem Vorteil,
Und sie wuchs beneidenswert
Von niemandem beneidet
Unter liebevollen Händen auf
Und riss sich,
Wenn das Leben auf ihr ritt,
Im Handumdreh'n die Haare auf,
Und ihre Augen stießen in den Wind
Und riefen nach der Sonne,
Und sie würde, wenn es irgend ginge,
An der Nordsee eine Sturmflut
Miterleben wollen.

Und sie wollte diesen Sturm um sich
Und alles sollte um sie wüten, toben,
Und sie wollte das, was sich so salzig
Auf den Lippen niederschlug,
In einer Gier, als gäbe es kein Salz
Auf dieser Welt,
Mit Schaum vermischt probieren.

Die Kraft des Frühlings

Er stand im Abitur
Und stand schon außerhalb
Und hätte nicht mehr in die Schule gehen müssen,
Und er war zu klug
Und war zu gut,
Und jeder seiner Lehrer lernte schon von ihm
Und stellte ihn jetzt frei
Und stellte es ihm frei,
Das konnten sie
Und auch vor sich vertreten.

Und sie mochten ihn sehr gern',
Und er schrieb trotzdem mit
Und kam wohl mehr aus Kameradschaft
Zu den anderen, die freuten sich
Und sahen ihn sehr freundlich an
Und hatten nichts von ihm,
Und er erzählte in der Pause,
Dass er grad' von einer andren Prüfung käme,
Und er hätte nur aus Übermut
Und mit Erlaubnis zweier Professoren
Eine Prüfung für Juristen mitgemacht,
Dort hätte er den Fall ganz anders,
Als es in den Büchern stand, gelöst,
Und viel verständlicher
Und viel juristischer, als man es dachte,
Und er war herausgeragt,
Und seine Arbeit würde man nun weiterreichen.

Und die andren kannten seine Späße,
Seine Kapriolen,
Und er hatte seinen Orgelschein gemacht
Und übersetzte nur zum Zeitvertreib
Den ohnehin schon langen, schweren, deutschen Text
Erst ins Lateinische
Und dann ins alte Griechisch,
Beides, fand er, waren tolle Sprachen,
Und zurück ins Mittelhochdeutsch,
Und er war im Sport so voller Kraft
Und Überkraft,
Dass er sich zweimal etwas brach,
Darüber schrieb er beide Male
Einen medizinischen Befund,
Den brauchte ihm kein Arzt zu korrigieren.

Und in seiner freien Zeit ging er auf Jagd
Und jagte nichts
Und hatte seinen Jagdschein
Ungewöhnlich früh und gut gemacht,
Man musste ihn für ihn verwahren.

Nach dem Abitur, so hatte er beschlossen,
Würde er,
Weil ihm ja alle Türen offen stünden,
Die Akademie für Forstwirtschaft besuchen
Und dem Wald
Zu einem echten Wald verhelfen.

Sommer

Sommersonne

Dieses dumme Ding, die Zeit.
"Zeitenlose Zeit", hört sie's im Kopf.
Es schießt der Spruch durch ihre Selbstgespräche
Als der Ruf nach einem kleinen Kind,
Als suchte man im Spiel sein eignes Kind
Und wüsste ganz genau,
Wo es im Zimmer steckt,
Und geht an ihm vorbei
Und ruft es möglichst ahnungslos
Und überhört absichtlich die Geräusche,
Die es macht, damit man's nicht bemerkt.

Ihr tut nichts leid,
Und heute hat sie einen Tisch gedeckt
Und will ein Datum feiern,
Und es ist noch etwas Zeit,
Und alles hat sie vorbereitet,
Und sie weiß nicht,
Ob die andren Frauen ehrlich sind,
Wenn sie sie ab und zu beneiden.

Sie weiß jedenfalls von sich,
In ihrem Leben hatte alles seinen Preis,
Und manchen Preis muss man vorweg bezahlen.

Auf dem schweren Tisch steht eine Galerie
Von schönen Dingen;
Teller, Gläser, silberne Bestecke,
Blumen, seidene Servietten, Kerzen,
Kleine Porzellanfiguren,
Schüsseln denen Obst entwächst.

Das Zimmer selbst strahlt Liebe aus
Zu den Personen, die hier wohnen,
Dass sie sich die Arme
In dem Nacken faltet

Und auf alles lauscht,
Was in ihr klingt.
Und die Musik ist auch das Schnitzwerk
Dieses Augenblicks,
Und jemand, den sie gar nicht sah,
Nimmt ihr die Hand zurück
Und hält sie leicht in seiner,
Und sie dreht sich nun im Tanz mit ihm
Und flügelleicht wird sie
Und denkt, man soll nicht so viel fragen.

Und sie trägt ein langes weites Kleid,
Bestickt mit tausend Kleinigkeiten,
Die aus ihrem Leben sind,
Und ist im Kleid voll Rauschen,
Knistern, Nachsichzieh'n,
Und rundherum sind Spiegel,
Die bespiegeln sie,
Und in den Saal, der sich nun richtig weitet,
Werden schlanke Gläser auf Tabletts herein getragen,
Das sind wunderbare Tänzerinnen,
Die den Tanz in ihrer Füllung perlen lassen,
Und heraus aus einer Eigendrehung
Ist sie selbst im Glas
Und sieht hindurch
Und lacht laut über die verzogenen Gesichter,
Und die neigen sich nun alle über sie,
Und sie erkennt ihr Kind,
Das weckt die Mutter auf
Und ruft noch einmal laut:
"Es klingelt schon".

Sommergewitter

Er verstand total
Die Welt in seiner Welt,
Und andre Welten drängten sich in seine,
Und die hatten wenig Glück mit ihm,
Er konnte sich bescheiden,
Und er hatte sich beschieden
Und entschieden,
Und Berührungspunkte waren spürbar,
Und man musste sich das eine oder andre Mal
Verzeihen können.

Irgendwie war er auch sehr brutal zu sich
Und hatte eine rücksichtslose Phantasie,
Und eine Sprache, sagte er, ist weiter nichts,
Als dieser aufgehackte Untergrund für Schienen,
Eine Schwelle reiht sich darauf an die andere,
Und oben reisen die Gedanken gnadenlos.

Bis jetzt war ihm die Reise recht,
Und eines Tages,
Es war gar kein Grund ersichtlich,
Endete die Reiserei,
Man zwang ihn, einen Bahnhof zu betreten,
Den er gar nicht kannte.

Was ihn bis hierher getragen hatte,
Reiste weiter ohne ihn,
Er selbst ließ dies Geschehen unbeachtet,
Und er sah sich um
Und suchte einen Grund,
Der war nicht flüchtig
Und war nicht vorhanden,
Und der war in ihm,
Und in ihm schwankte eine Leere
Bis in das Bewusstsein,
Eine Angst von großer Kraft
Schoss durch die Risse eines Deiches,
Den er nie gesehen hatte,

Und er wusste nicht einmal,
Was der zurückhielt.

Eine Panik hatte ihn gelähmt,
Und eine Frau in seiner Nähe
Sprach ihn an,
Er konnte sich ihr nicht erklären,
Und die Schwellen seiner Sprache
Lagen völlig ungeordnet unter den Gedanken,
Und in den Gedanken
War für Worte, für Erklärungen,
Nicht Platz, nicht Raum,
Er war auch zu beschäftigt,
Und er ging zu einem Arzt,
Den hatte seine Frau schon informiert,
Sie hatte auch gemeint,
Ihr Mann sei sicher viel zu sehr belastet,
Und der Arzt entdeckte viel an ihm
Und schwieg dazu,
Und dachte an sich selber
Und wie wenig ihm sein Wissen nützte,
Und verschrieb ihm eine Medizin.

Flächenbrand

Es stand in ihr am Horizont
Ein Flächenbrand,
Und sie war aus Papier
Und ängstigte sich sehr,
Und Schuld daran war diese Sommerhitze,
Diese Schwüle, die nicht wich,
Und sie in dummer Eile
Auf die Straße hetzte,
Und der Schweiß brach aus
Und stand auf ihrer Stirn
Und lief am Hals herab
Und in ihr Kleid.
Darunter trug sie kaum noch Wäsche,
Und sie würde salzig schmecken,

Und sie sehnte sich nach Wasser,
Nach dem Bad,
Das müsste innerlich entstehen,
Und sie kam grad' aus der Dusche,
Die erreichte nicht den Herd in ihr,
Und auf der Straße blieb sie stehen
Und geriet in einen Wirbelwind aus Staub,
Den riss ein Auto hoch,
Und auf den Weg flog ohne Grund
Der Außenspiegel, der brach nicht entzwei
Und wurde nicht vermisst.
Der Fahrer sah ihn auch nicht liegen,
Und sie bückte sich danach
Und sah sofort die Eigenart in ihm,
Er spiegelte, was er erfassen konnte unter sich
Und in die Erde, die ihn trug.

Sie war ganz fassungslos
Und sah hinein,
Und alles wurd' in ihm verkleinert,
Und die Sonne stand in ihm
Und wurde ausgeblendet,
Und es war der Nachmittag,
Der kam vor Hitze nicht voran
Und heiß war jedes Gitter, jede Straße,
Und der Brand kam immer näher.
Und sie riss ein trock'nes Gras
Von einer braunen Wiese ab
Und steckte es sich in den Mund,

Und irgendetwas müsste man beginnen,
Ohne zu verbrennen,
Und sie war doch aus Papier
Und riss ein Streichholz an
Und warf es unter sich
Und ging nicht von der Stelle und hielt Stand.
Sie liebte es,
Wenn sie in Flammen stand
Und sich zu Asche brannte.

Herbst

Die Versorgung

In der Birke zählte sie elf Krähen,
Und die krächzten,
Und sie dachte sich, dass die sich zanken,
Und sie dachte auch,
Das ist vielleicht die Sprache,
Die sie sprechen und verstehen,
Und sie dachte gleich an sich
Und sah sich zwischen ihnen als ein Schwarztier,
Und sie käme um bei denen,
Und sie hatte einen jungen Mann entdeckt,
Der passte ganz genau,
Der hatte auch Vermögen
Und bis jetzt noch nicht an eine Frau gedacht,
Sie war darin geschickt und schnell
Und umsichtig gewesen,
Und er hatte sie genommen,
Und er machte sie zur Mitbesitzerin.

Nun hörte sie erneut auf das Gekrächz' der Krähen
Und verstand ein wenig mehr
Und sicherte ihr Überleben ab.

Sie selbst war als ein Wunschkind
Einerseits geboren,
Und die andre Seite war im selben Augenblick geflohen,
Und sie wurde großgezogen von dem andren Mann,
Den sie nun Vater nannte, und der Mutter.

Ihren eignen Leib
Hielt sie dem eignen Mann versteckt und offenbar
In Trauer und in Sorge immer wieder hin
Und wünschte sich von ihm,
Dass er sich endlich etwas von ihr wünschte,
Dass sie von ihm schwanger wurde,
Zog sich auch von ihm darum zurück
Und half zum Schluss ein wenig nach.

Nun saß sie oben in der Spitze
Unter all den Krähen,
Und sie hielt die Hände auf den Leib
Und spürte warme Säfte in sich kreisen
Und verstand von dem Gekrächze jedes Wort
Und herrschte über alle,
Und die Zeit der Niederkunft, beschloss sie,
Würde auch zum Augenblick,
In dem sie ihre Welt gebären würde,
Und die sollte ohne Schaden sein,
Und das Gekrächze schwarzer Krähen
Würde sie im Handumdrehen aus den Birken dieser Welt
Vertreiben.

Die Beute

Er lag noch auf der Straße,
Kurz vor einem Ort,
Dort wollte er die Nacht verbringen,
Und er würde sich Zuhause melden,
Schnell nach aktuellen Dingen fragen,
Und er sprach im Auto mit dem Auto.

Früher, dachte er,
Sprach so der Reiter mit dem Pferd.

Er hatte seinen Sommer hinter sich,
Und ihm war nichts passiert,
Und immer lag ihm jemand auf der Lauer,
Dafür hatte er Instinkt entwickelt,
Und er selbst war redlich,
Kaum geschwätzig, unterhielt sich gut
Und hatte einiges aus seinem Leben überschwiegen.
Das, so dachte er bei sich,
Nehm' ich mit mir ins Grab,
Und dachte auch daran,
Wie er wohl enden würde,
Und er machte Licht an seinem Fahrzeug an,

Das griff gleich auf den Seitenstreifen,
Und er sah dort eine elegante Frau
Aus einem Wagen steigen,
Der stand viel zu schräg
Und kam nicht mehr voran.

Sie sah zu ihm und winkte ihm,
Er dachte, der kann ich den Rahmen bieten,
Der ihr fehlt,
Und eine Wachheit schoss durch ihn,
Er dachte auch,
Es könnte sich daraus für ihn etwas ergeben,
Ihren Wagen würd' er liegen lassen,
Und in seinem Alter brauchte man
Ein Abenteuer, wenn es eines geben sollte,
Nicht zu fürchten.

Und sie stieg gleich ein
Und knöpfte ihre Bluse etwas strenger zu,
Das brachte wenig,
Und sie kannte das Hotel,
Weil sie, wie er, auf Reisen war.
Sonst war sie freundlich still
Und ungeheuer anschmiegsam
Und aß mit ihm
Und zahlte auch ihr Zimmer selbst
Und kam zu ihm und blieb bei ihm
Und stand dann auf
Und holte ihm, weil er es wollte,
Als sie danach fragte,
Ein Glas Wasser,
Davon trank er einen Schluck
Und gab das Glas zurück.

Die Wirkung setzte sofort ein,
Und das Bewusstsein zeigte ihm
Noch einen Augenblick,
Den starrte sie ihn wartend an,
Und der Gedanke an Betrug in ihm brach ab.

Sie nahm ein Bad bei ihm
Und alles was er hatte,
Schecks und Geld,
Den Ausweis und sein Gold
Und hinterließ in ihm ein Allerweltsgesicht,
Das konnte er der Polizei,
Die erst am Morgen kam,
Nicht mehr beschreiben.

Die Vorsorge

Sie sagte sich sofort,
Die andre Frau hat auch nicht mehr als ich
Und Jugend ist nicht alles,
Und was ich hab', hat sie sicher nicht,
Und das hat sich bewährt,
Und eigentlich bin ich im Vorteil,
Und ich will sie auch nicht kennenlernen,
Danach drängte sich die andere.

Sie dachte auch an eine neue Freiheit,
Die könnt' unermesslich sein,
Und einen solchen Maßstab
Hatte sie für sich noch nicht bereit.

Sie wusste was sie hatte,
Und das gab sie so nicht her
Und wollte sich nicht daran klammern.

Ihre Apotheke war noch sauber aufgeräumt,
Und ohne Überfall
War sie bisher davongekommen.

Abends machte ihr ein Anruf von ihr klar,
Dass er sich schnell entschlossen hätte,
Und es wäre besser so,
Und für Gespräche,
Um den Zustand neu zu klären,
Fände man bestimmt bald Zeit,

Und über alle andren Regelungen
Sollte sie nun ohne Sorgen sein,
Das käme auch in Ordnung,
Und er kam nicht heim.

Am Morgen nach der Nacht,
Die sich als Nacht nicht zeigte,
Warf sie ihren Lieblingsstuhl, der war antik,
Mit ungeheurer Kraft zu Boden,
Und es brach von ihm ein Bein
Als Sprödbruch in drei Teile.
Das war nun ein echter Grund zum Weinen.
Und sie schwor zu handeln,
Und es sollte sie kein Telefongespräch
Aus ihrer Hand entblößen,
Und der Wind stand scharf und kalt
Vor ihrer Tür,
Und ihre Apotheke hatte plötzlich nur
Verfallstermine aufzuweisen,
Jede Gültigkeit war überschritten.

So verging der zweite Tag,
Und sie litt unter einer Blutung,
Die war plötzlich wichtig, weil sie nicht
Im Rhythmus lag,
Sie musste sich auch eine andre Blutung
In sich stillen,
Und sie dachte voller Hoffnung
Und mit etwas Stolz;
Vielleicht kann man sich auf den Mann verlassen,
Und es war ja vorgesorgt,
Und überhaupt, verlassen hat er mich noch nicht.

Sie suchte kein Gespräch mit ihm,
Er hatte ja noch nicht mit ihr gesprochen.

Dann, am vierten Tag kam er nach Haus.
Sie war geschwächt
Und auf ihn angewiesen
Und wies nicht auf ihn

Und fragte, ob er bleiben würde,
Weil sie einen Stuhl zu reparieren hätte,
Und die Apotheke sei nicht aufgeräumt.

Er machte sich sofort daran
Und leimte fast die ganze Nacht
Das trockne Holzbein,
Und sein Ehrgeiz war, dass niemand,
Der den Stuhl bewundern wollte,
Über seine Klebestellen fiel.
Er wollte selbst
Auch gar nichts davon wissen.

Winter

Ausbruch aus dem Eis

Die Bewohner großer Meere senden mich,
Ich soll die Wolkendecke untersuchen,
Die sich auf der Wasseroberfläche bildet
Und in Schollen bricht,
So nennen wir das, was die andren Wolken nennen,
Und ich bin Bewohner eines Meeres
Und gelang das erste Mal nach außerhalb.

Man gab mir Raum und Zeit ,
Die sind hier so unendlich weit
Und übergroß,
Dass ich den Raum, die Zeit vergaß,
Und alles, was mich unter Wasser band.
Und über Licht aus Eis und Wärme
Muss ich unbedingt berichten.
Beides ist für die Bewohner kalter Meere
Tödlich.

Als ich aufstieg,
Zielte man mich in Gebiete größter Schollen,
Und man wusste von der Tageslänge,
Die nicht endete,

Das war für uns von Vorteil.

Schwer war unser Durchbruch,
Und die Kleidung, die mich schützt,
Von unschätzbarem Wert,
Und wir erwarten hier kein Leben
Und erforschen jedes Eisgefilde.

Starr steht eine Sonne,
Und wir hatten nie zuvor Gelegenheit,
So nah an sie heranzukommen,
Und wir messen und vermessen alles.

Unser Wissen musste sich bisher
Auf Strahlen konzentrieren,
Die durch's Wasser brachen
Und im Meer zu finden waren.

Oben auf dem Eis erkennen wir die Welt
Und sehen auch,
Dass wir im Anfang des Erkennens stecken.

Eine andre Reise soll in zwanzig Jahren
Auf die abgewandte Seite führen,
Dort, sagt man, herrscht ewig Finsternis,
Und wir,
Die aus den Meeren kommen
Und ins Eis geraten sind,
Verwandeln unsre eigne Welt vollkommen,
Und sind hier nichts weiter,
Als ein Eiskristall im Wind.

Nachts am Eis

Nachts stand ich allein am See,
Der war gefroren,
Und ich wollte auf die Schreie achten,
Die sich in den Rissen jagten,
Die sich durch die Decke zogen.

Nachts stand ich allein am Eis
Und sah auf einen weißen Mond,
Der wurde strahlender
Als seine Sonne.

Nachts stand ich allein am Eis
Und fror
Und sah in tiefe Schatten,
Die sich reglos regten
Und mit knisternden Geräuschen aus den Zweigen
In ein Eigenleben flohen.

Nachts stand ich allein am Eis
Und wusste nur von mir
Und sah so scharf es ging ans andre Ufer,
Und es mochte sein,
Dass meine Einsamkeit in Wahrheit
Nur ein Teil von vielen Einsamkeiten war.

Am Eis wurd' ich zum Eis.
Die Luft wurd' Eis, die Erde,
Jeder Laut, das Fühlen, Schmecken, Riechen,
Ich kristallisierte durch und durch
Und machte mich zu seinem Klirren,
Das klang wohl in mir und machte stumpf
Und sehr ergeben,
Und ich lag bequem
Und fasste mich nicht an,
Und achtete auf Risse,
Die sich durch mich zogen
Und in Schreien mich durchjagten.

Nur ein Flügelschlag

Nur ein Flügelschlag.
Aufgeschreckter Tannenzweig.
Schnee fällt aus dem Grün.

Nur ein Flügelschlag.
Die letzte rote Beere.
Keine Spur im Schnee.

Nur ein Flügelschlag.
Den Schnabel in die Sonne.
Eiskristall fliegt auf.

Tag

Die Täglichkeit des Tages

In der Auswahl herbstlich brauner Hüte
Den zu wählen, der ihr steht und passt,
Zu dem passt,
Was sie heute tragen will,
Ist schwer.

Sie ist zu fest entschlossen,
Um sich zu entschließen,
Und das Wetter lässt auch einiges nicht zu,
Es geht ein kalter Wind dort draußen,
Und hier drinnen in der Wärme
Schichtet sich die Kälte,
Und sie ist ein Mensch,
Der spürt mit seiner Haut,
Und die bezieht sich unter ihrer Kleidung
Mit dem Schauer eines Frostes,
Und sie hat auch Angst,
Dass ihre Haut darunter leidet.

Schnell schiebt sie die Ärmel hoch
Und sieht ihr Silberfell sich aufwärts stellen,

Und dann richtet es sich wieder, glättet sich
Und liegt nun wieder flach.

Und sie ist stolz auf diese Haut,
Auf diese Trockenheit,
Die ist nur soweit trocken,
Dass sie unter eigner Hand
Und auch in andrer
Zum Geschmeide wird,
Zu einer Perlenkette,
Die möcht' man sich durch die Lippen ziehen,
Und sie hebt den Arm
Und leckt ihn mit der Zunge
Und empfindet sich.

Wenn sie ein andrer wär',
Würd' sie nicht Rücksicht nehmen
Und nicht von sich lassen,
Und sie wüsste dann um sich
Und würde sich zugrunde richten,
Und man glaubt ihr, Gott sei Dank,
Dass sie sensibel ist,
Und schnell bekommt sie blaue Flecken.

Nun entdeckt sie dieses braune Seidentuch,
Das schlingt sie unter ihrem Hut
Um ihren Kopf,
Das schnürt sie ein,
Versteckt sie rundherum
Und macht sie irgendwie begehrt,
Das hatte ihr gefehlt.
Sie nimmt den hellen Pelz
Und zupft an ihrem Stirnhaar,
Wegen seiner Farbe,
Und geht aus.

Man kann sich in den Kaufterrassen,
Ohne sich gleich zu verkaufen,
Sehen lassen,
Und man wird gesehen,

Das geschieht geschickt,
Indem man Leute übersieht,
Und sie, wie ungeschickt und unaufmerksam,
Noch im letzten Augenblick
Entdeckt und sich entdecken lässt.

So nimmt sie ihrem Tag die Täglichkeit,
Die würde sonst nicht weichen.

Bis zum Tagesende

Er sagte, als er ankam:
"Ich bin hier und mag euch alle gerne",
Und die Leute wussten nicht einmal,
Woher er kam.
Er nannte irgendeine Stadt,
Die lag wohl außerhalb
Und war ganz unbekannt,
Und jeder wusste jetzt,
Das war die Stadt, aus der er kam.

Die Leute hatten ihn gefragt,
Weil er im Städtchen an der Straße saß,
Und seiner Sache sicher war,
Das tat sonst keiner,
Und die Leute hatten ihn gefragt,
Ob er nicht Hunger habe,
Und er sah ja nicht verwahrlost aus,
Und hatte eine Freude im Gesicht
Und eine Freundlichkeit,
Und Durst, so sagte er,
Sei auch vorhanden,
Und man schämte sich,
Ihn nicht danach gefragt zu haben.

Und er wurde Gast
Und durfte bleiben für die Nacht,
Und abends schon erschienen Nachbarsleute,
Die nach diesem Neuling fragten

Und ihn selber sprachen,
Und er war sehr lieb und ihnen zugetan
Und wortgewandt und aufgeschlossen,
Und er gab den Leuten Rat,
Dass sie sich von ihm
An die Hand genommen fühlten,
Und er war noch keine dreißig Jahre,
Und die Tochter war sofort verliebt in ihn,
Und ihre Augen zogen weite Kreise,
Zogen immer wieder über ihn
Und sahen ihn noch lange,
Und sie strich ihm in Gedanken,
Als sie längst in ihrem eignen Zimmer schlief
Und wachte,
Über seine Lippen,
Seine Hände,
Über alle Worte, die er allen sagte.

So nahm sie in ihm ein Bad
Und war dort nicht allein,
Und keiner wusste von den andren.

Alle dachten an den jungen Mann,
Und jeder, auch die Männer,
Waren ganz vertraut mit ihm
Und trauten ihm gleich alles an,
Das hätten sie sich nie getraut,
Und niemand sprach in seiner Gegenwart
Die Schmutzigkeiten an.

So war er Gast
Und machte, die ihn luden,
Weit im Vorhinein zu seinen Gästen,
Und er blieb ein Jahr
Und tat sonst nichts,
Und alle taten alles nur für ihn,
Und jeder wusste es
Und jeder schwieg
Und liebte ihn für sich,
Und keinem gab er körperliche Liebe.

Und an einem Tag
Ging er mit einem letzten Nicken seines Kopfes
Fort,
Und Tränen sah man in Gardinen hängen,
Und es wagte niemand
Ihn zurückzuhalten.

Ein Jubeltag

Der Tag war kaum noch Tag.

Der Gutenachtgesang der Vögel,
Der, das wussten wir inzwischen,
Nicht zu unsrer Freude angestiftet wurde,
Läutete den Abend ein,
Dann kamst du heim
Und fandst sofort den Brief,
Und schon im Öffnen
Jubelte ein Licht in deinen Augen,
Das traf dich von außen
Und entzündete in dir ein Funkeln,
Das von den Facetten deiner Netzhaut widerstrahlte,
Und ich sah,
Dass es sich in den Kanten
Echter Freudentränen brach.

Im dummen Ordnungssinn, so fiel mir ein,
Hat kürzlich unser Nachbar
Einen Baum um einen Arm beraubt,
Der lag am Boden,
Und der Abend kam herauf ,
Und in den Ästen
Über diesem Ast, der fehlte,
Saß ein Muttervogel oder Vatervogel,
Dem der Landeplatz zum Nestloch fehlte,
Und der Nachbar schiente den gefall'nen Arm
An seine Stelle,
Und es war ja nur die

Aufmerksamkeit die in dieser
Unaufmerksamkeit gelegen hatte,
Und so sah ich dich
Und hörte, wie du riefst:
"Hurra, es fängt der Tag am Tagesende an",
Du schluchztest in der Freude,
Und die Arme, die du von dir warfst,
Verlangten nach Umarmung,
Und sie schlangen sich,
Mit dir im Schleppe
Um einen Schrank,
Das ging zu langsam, dann um mich.

Du drehtest dich dabei in Wahrheit als ein Kreisel,
Als ein Kreisel um dich selbst
Und schwangst weit aus,
Obwohl du mich im Drehen
Mit zu drehen wünschtest,
Und du sprangst in eine Kettenschaukel,
In ein Kettenkarussel,
Das drehte sich,
Das drehte dich,
Und alles drehte sich um dich
Und drehte sich um dich
Und drehte dich um sich.

Dir glitt der Brief zu Boden
Und du griffst ihm nach
Und risst ihn hoch
Und schlugst die ganze Schreiberei
Vor dein Gesicht
Und weintest endlich laut vor Glück
In deinem Glück,
Das konnte niemand hören,
Außer dir.

Nacht

Zwei Familien

Er kam an unsren Zaun,
Der war für ihn kein Zaun,
Und sagte: "Guten Tag",
Und wünschte ihn uns wirklich,
Und er wünschte auch,
Dass wir dasselbe für ihn wünschten,
Und er kam in unsren Garten,
Und er sagte: "Wenn ich darf,
Dann helf' ich bei der Gartenarbeit,
Und ihr gebt ein Geld dafür,
Und Geld gibt man für Arbeit".

Und es sollte nur ein Geld sein,
Und ich hielt ihm eine Münze hin,
Die war nichts wert
Und war ihm wert genug,
Und ich war im Betrug und zeigte einen Geldschein,
Der war seine Arbeit wert,
Der war ihm wert genug,
Und er sah nicht den Unterschied.

Er sollte seinen Schein bekommen,
Wenn er fertig war.

Zur Mittagszeit kam er an unsre Küchentür
Und setzte sich an unsren Tisch.
Es fehlte ein Gedeck, das sah er gleich,
Das sagte er,
Das reichten wir schnell nach.

Er aß mit uns und trank mit uns
Und wusste seinen Namen nicht
Und sagte, wie er hieß,
Und wie ihn andre riefen,
Und in seiner Anstalt wäre er
Schon etwas Besseres

Und durfte außer Haus dazu verdienen,
Und er wäre in der Anstalt in der Pflicht
Und hätte auch ein Schloss
Vor seinem Schrank,
Das durfte er nicht selbst bedienen,
Und er 'wickelte die Jungs':
"Die sind sehr krank,
Und einer muss sie immer reinigen,
Die sind so alt wie ich,
Und leben nicht mehr lang'
Und spüren nichts und sind todkrank
Und liegen angeschnallt in ihren Betten.

Und ich bringe ihnen manchmal etwas mit
Und halte es vor ihre Augen,
Und sie zucken dann und schreien laut,
Das ist die Freude,
Die will 'raus".

Dann fand er sein Papier,
Das zeigte er,
Es war die Radfahrprüfung,
Und die hatte er bestanden,
Und er war darauf benannt mit einem Zeichen
Und mit einer Nummer,
Und er hieße, sagte er,
Und zeigte mit dem Finger auf die Schrift:
'Karl-Heinz',
Und steckte seinen Ausweis wieder ein.
"Und ich muss pünktlich sein".

Im Garten machte er die Arbeit gut
Und rauchte die Zigarre, die war kalt,
Die rauchte er erst abends richtig,
Und er würde alle vierzehn Tage wiederkommen,
Und er fragte uns nach unsren Namen,
Und wir wären gute Leute,
Und er ginge nur zu guten Leuten,
Und er selbst sei gut
Und völlig ungefährlich,

Und er nahm den Schein.
"Den gebe ich in meiner Anstalt ab,
Weil ich ja alles habe,
Und man gibt mir dafür etwas anderes",
Und wünschte einen 'Guten Tag',
Und wünschte ihn uns wirklich,
Und er wünschte auch,
Dass wir dasselbe für ihn wünschten,
Und die Kinder riefen ihm
Noch Freundlichkeiten nach,
Und ging und kam, wie er gesagt,
Jahrein, jahraus,
Und sagte überall:
"Ich lebe jetzt in zwei Familien".

Die Tagesfrau

Sie war die Tagesfrau
Und nannte sich "Modell"
Und gab die Weiten an,
Die waren nicht die wahren Weiten,
Und ihr Telefon
War nicht ihr wahres Telefon,
Das lief auf die Zentrale,
Und wer zu ihr kam,
Der zahlte nicht,
Der hatte alles abgemacht,
Und alles dauerte die Zeit,
Die war fast immer gleich,
Und nachmittags zog sie in dieses Zimmer,
Das war immer aufgeräumt
Und lag gleich neben einer Wohnung,
Und von nebenan rief oft ein Mensch,
Der wollte Ruhe haben,
Und man hörte auch um diese Zeit
Das Kindertoben,
Und in ihrem Zimmer wurde manchmal auch getobt.

Bei jungen Männern
Hatte sie noch eine echte Chance,
Die hatten sowieso kein Geld
Und hatten einen Sonderpreis
Und durften nicht so viel
Von ihr verlangen,
Und sie war ja nicht mehr jung,
Und wäre sonst wohl kein Modell am Tage,
Und die anderen,
Die wegen ihrer Qualität am Tage lagen,
Waren weit, weit über ihr
Und gaben ihre Weiten auch nicht an
Und wurden sehr oft eingeladen
Und woanders ausgeladen,
Und die waren dort als Stargast eingeladen,
Davon konnte sie nur träumen.

Und sie machte pünktlich Schluss
Und hatte noch Familie,
Und es kam dann vor,
Dass jemand nach ihr fragte,
Hatte sich ihr angesagt und kam zu spät.

Dann gab sie ihre 'Freundin' an,
Die kannte sie sonst gar nicht,
Und die lernte sie vielleicht
In diesem Augenblick erst kennen.

Außer diesen Frauen
Kamen keine Frauen auf das Zimmer,
Das verbat sie sich,
Und andre Frauen trauten sich nicht 'rauf.

Und Stunden lang saß sie oft ungefragt
Und wartete, dass man sie fragte,
Und sah das Programm von gestern Abend an
Und sah in Spielkassetten,
Und sie rauchte nicht und trank nur selten
Und sie war nicht überfordert
Und verdiente sich ein wenig nebenbei,

Das durfte man sich nicht verdienen,
Und sie hatte keine Sorgen mit der Steuer,
Und es steuerte auch niemand sonst an ihr,
Und wer das Zimmer regelte,
Ging sie nichts an.

Mit ihrem Auftraggeber sprach sie nur
Am Telefon, der gab Bescheid,
Und hier in ihrem Zimmer gab es Zeit zu lesen,
Und sie dachte über eine Kurzgeschichte nach,
Darin beschrieb man eine ewig kranke Frau,
Die lernte nie in ihrem Leben
Das Gefühl der völligen Gesundheit,
Des sich Streckens unter ihrer Haut,
Des Übermutes ungenutzter Kräfte
Kennen.

Denkmalspflege

Das alte Leben
Lebte immer noch in alter Post
Und alten Briefen fort
Und war schon lange tot,
Und das, was lebte,
War die Hoffnung auf die Saat,
Die hatten Winde fortgerissen,
Als es stürmte,
Und er wusste, wo er einmal liegen würde,
Und die Schrift im Stein
Stand auch schon fest bis auf die eine Zahl.

Er würde noch ein letztes Mal
An ihrer Seite liegen,
Und er dachte
Über diesen Punkt hinaus
Und dass die Zeit danach verlaufen würde,
Und man würde ihre Knochen
Durcheinander pflügen und vermischen
Mit den anderen, die er nicht kannte,

Und von ihm und ihr
Und von den anderen
Würd' letzten Endes gar nichts bleiben.

Und ein andrer Platz stand unter Denkmalsschutz,
Das nützte auch nichts,
Und er ging dorthin
Und sah sich alles an
Und hatte ja noch Zeit
Und sah die Namensschilder,
Schwarze Marmorplatten, auf der Erde liegen.

Nichts war hier gemacht.
Der Zaun verbog im Rost,
Der kam, das sah man gleich,
Aus dieser Erde,
Und es lagen ausgefahr'ne Kinderwagen,
Dosen, Zeitungen, Papier, Elektroteile,
Autowracks vermischt mit
Letzten Wünschen, Seufzern,
Hoffnungsvollen Sprüchen,
Hoffnung auf den Glauben,
Auf die Wiederkehr,
Auf edles Handeln Überlebender
Und auf Gedenken
Durcheinander.

Eine große Linde war
In ein Familiengrab gewachsen,
Und es ging von ihr viel mehr aus
Als von jenen Dingen und den Menschen,
Die dort unten und im Boden lagen.

Ihretwegen kam er her
Und sah an ihrem Stamm nach oben in die Krone,
Die nun wirklich etwas krönte,
Und das fand er nicht heraus
Und war sehr oft bei ihr.

Im Nachbarland,
Das war das eigne Land,
Gab's einen Maler,
Der seit über zwanzig Jahren
Lindenbäume malte,
Und er malte ihre Wurzeln
Und den Teil der Wurzeln, der zu sehen war,
Und malte, was er sah
Und sah es immer neu,
Mit immer neuem Auge,
Und die Bilder die er malte,
Rührten alle und besonders alte Leute
In ganz sonderbarer Weise,
Und sie gaben eine Ruhe
Und sie waren die Beruhigung an sich,
Nach der man,
Wenn man in der Ruhe lebte,
Gierig Ausschau hielt.

Es war wohl kein Geheimnis,
Wenn man das Geheime
Offenbaren konnte,
Und es stand vor ihm
Und war ein Fall der Denkmalspflege,
Und es müsste sich ihm doch auch offenbaren,
Wenn schon jeder davon wüsste.

Tag- und Nachtgleiche

Im Un-Gemach

In dem Strafvollzug
Vollzog man keine Strafe.
In der Strafanstalt zog man die Strafe an,
Damit man lernte, sie von sich zu weisen.

In der Zelle war ein Goldknopf
An der Tür.
Wer den benutzte rief die Dienerschaft,
Die kam sofort herein
Und fragte Wünsche ab,
Falls man sie formulieren konnte,
Und die Tür blieb nur für sie
Ein Durchgang,
Sonst war sie ein Teil der Wand
Und undurchlässig,
Und die Tür an sich blieb unsichtbar.

Der Raum war groß genug
Für drei Personen,
Und als erste kam ein Mann
Von etwa vierzig Jahren,
Der war angenehm enttäuscht und überrascht,
Dass eine Dienerschaft sich sorgte,
Und er hatte Wünsche,
Die erledigte man gleich,
Und diese Kleinigkeit, die an dem Ausgang hing,
War irgendwie gerecht
Und würde bald ein Ende haben,
Und er wünschte sich für sich,
Weil ihn hier keiner kannte
Und Besuch nicht zu erwarten war,
Und weil die Zelle richtig schien,
Die Frau dazu, um derentwillen er
In dies Verließ getragen worden war.

Man stellte ihm den Wunsch anheim
Und könnte ihn erfüllen,
Wenn auch er den Wunsch der Frau, die zu ihm käme,
Nach dem Menschen ihrer Wahl,
Im Vorweg akzeptieren würde,
Und er stimmte zu.

Die Frau, die in das Zimmer kam,
War eine Fremde,
Die er nie zuvor gesehen hatte,
Und sie war in seinem Alter,
Und sie hatte diese Sonderheit,
Die Frauen haben, die im Grunde
Männern ähnlich sind,
Ihn widerte die Doppelfremdheit an,
das brauchte er nicht zu ertragen
Und beschwerte sich,
Das hatte man mit ihm nicht abgemacht,
Und die Beschwerde nahm man an.

Die Frau war kühl
Und kümmerte sich nicht um ihn
Und hatte ihre Möglichkeit sofort erkannt
Und wünschte sich die Freundin auf die Zelle,
Und er warnte sie,
Und sie war fest entschlossen,
Und es kam ein junger Mann zu ihnen,
Der fiel ihm gleich vor die Füße,
Und das war ein weicher Mensch,
Der ekelte sich vor den Frauen,
Und die Dienerschaft zog sich zurück
Und baute ihre Glocke ab,
Und in die Wand schob man nun eine Eisentür
Mit einer kleinen Klappe,
Und sie weigerten sich alle drei,
Besucher, gleich wer käme,
Zu empfangen.

Herzersatz

Nach seinem Herzinfarkt
Nahm ihm sein Herz nur noch
Sehr wenig ab,
Und eine Ader, die zum Herzen führte,
Führte viel zu viel
Und bildete den Blutsack aus
Aus einem Rückstau, der war gar nicht abzubauen,
Und es staute sich auch eine Angst,
Die spürte er,
Die drückte bis nach außen.

Über seine Medizin hinaus
Bekam er eine Medizin, die half ihm nicht
Und zog ihm eine rosafarbene Gardine
Vors Gesicht,
Die täuschte ihn und warnte ihn,
Sich nichts mehr zuzumuten,
Und es wuchs sein Mut
Und er fand neue Kraft, die durfte er nicht brauchen,
Und er spielte hoch
Und dachte lange nach,
Und mit der Arbeit konnte er so jäh nicht enden,
Und die Arbeit war viel besser ohne ihn gemacht,
Er dachte dabei an das Geld nachher,
Das wurd' mit jedem Tag getaner Arbeit mehr.

Er hatte hohe Schulden abzuzahlen,
Und er zahlte lieber eher
Und ein wenig weniger und dafür mehr
Und dürstete nach dieser Trockenheit,
Nach einem sorgenfreien Bad
Und sehnte eine Zeit herbei,
In der er sich um diese Dinge sorgen könnte.

Seine Tage waren lang
Und hatten keinen Übergang zur Nacht,
Die trat nicht ein,

Und Nacht war tagelang
Und Tag war nächtelang,
Und insgeheim bestand sein Wachen
Aus dem Warten
Und sein Schlafen aus dem Lauschen.

Zeit im Übermaß in knapp bemess'ner Zeit.
Und jede Rechnung endete damit:
"Wie lange noch", und
"Wie viel Zeit ist schon vorbei",
Sie dehnte sich dabei nach vorn' unendlich aus,
Und war doch sicher kurz,
Und die Vergangenheit schien ihm
Ein kümmerlicher Tag,
Der hatte sich im Eigenfraß
An ihm vorbei gedrängt,
Und seine Wichtigkeit verloren
Und sich selbst verdaut.

Die Krankheit war sein Wendepunkt.

Bis hier war Unersetzlichkeit von ihm
Ganz hoch gehalten worden,
Und nun dachte er an Herzversagen
Und an Herzersatz,
Dem hätte er nicht widersprochen.

Challenger, Januar 1986

Sie war nur eine Lehrerin
Und kein Soldat
Und hatte keine herrischen Manieren,
Und sie lebte in dem
Einundfünfzigländerstaat
Und kam aus einem Bundesland
Und war für eine Reise programmiert,
Die sollte sie und eine andre Frau
Und weitere fünf Männer in das
Zweiundfünfzigland,
Das stand am Himmel, tragen.

Dort hing auch die Fahne der Nation
Und stand, von ihrer Wohnung aus gesehen,
Auf dem Kopf,
Und würde sich im Raumflug,
Der das Oben unten und das Unten oben
Und das Oben und das Unten überall und nirgends zeigte,
Richtig stellen.

Anfangs hatte ihre Reise Hindernisse,
Das verstanden alle,
Und es gab wohl keinen Menschen
Auf der ganzen Erde,
Der es ganz verstanden hätte,
Dann hob ihre Fähre ab,
Und startete mit einem Traum für sie,
Der war die wahre Nüchternheit
Und keine Träumerei und voller Wachheit,
Dass sie nichts an diesem Traum versäumte.

Sie gab Daten durch und Zahlen,
Und sie glaubte in der größten Weite
Die Familie und die Klasse steh'n zu sehen,
Sicher irrte sie,
Und unter ihr tat sich das große blaue Auge auf,
Ein Auge, dass den Flug beäugte
Und auch schlief und lauerte,

Ein Auge, das schon einen falschen Namen trug,
Denn die Geschichte seiner Namensgebung
War ein Irrtum, der lag sehr wahrscheinlich
In den Dezimalen.

Unten lag ein Schiff in diesem Auge,
Das sah auch den steilen Anstieg,
Sah den weißen Faden,
Der sich in den Himmel schrieb,
Und sah auch, wie sich plötzlich
An dem Kopf der Nadel eine Flamme löste
Und sich eine Explosion
Von ungeahnter Kraft entfaltete,
Die riss den Faden ab,
Schlug einen Knoten,
Der im Knoten weiter explodierte
Und trieb ohne Halt den Antrieb in die Höhe
Bis zur völligen Verzehrung.

Dieser Tag der Tage nahm in sich kein Ende
Und war eine
Zweiundfünfzigstaatenexplosion,
Die registrierten alle Seismographen dieser Erde
Voller Schrecken
Und Ernüchterung.

Ein Bild von einem Bild entsteht

Im Abendrot

In Gedanken
War er nie in den Gedanken anderer gewesen,
Und er hatte sich davor bewahrt, gewehrt,
Sich nicht dazu verführen lassen,
Und man sprach zu ihm von Kunst,
Die war für ihn von vornherein verkehrt
Und ohne Leben
Und so völlig sinnlos,
Und er prahlte auch damit,
Und das sei gut, so sagte man zu ihm,
Denn jeder Weg zur Kunst beginne mit der Einsicht,
Dass sie völlig sinnlos sei
Und ganz umsonst,
Und das gab ihm zu denken,
Und er konnte den Gedanken, den er gut verstand,
Noch nicht zu Ende denken,
Und er fragte nach
Und die er fragte, lachten über ihn
Und machten ihn zum Narren.

Und er sagte sich, er sei ein Narr,
Und zog sich eine Narrenkappe
Über beide Ohren,
Und die andren sollten sehen, was sie sahen,
Und dass er sich sah
Und trug die Kappe falsch herum
Und deckte seine Augen damit zu,
Und schnitt in sie zwei Schlitze,
Und das reichte ihm,
Man kannte ihn nicht wieder.

Und man sprach mit ihm
Und hielt ihn für den Künstler,
Der wär' voller Neuideen,
Die sprängen ihm schon über seinen Kopf,
Und er verstand doch nichts davon

Und sollte Künstler sein
Und fragte sie warum,
Und das, erkannten die die fragten,
Sagte er zu ihnen,
Dass sie sich nun selber fragten
Und betonten ihn,
Und die Methode seiner Arbeit
Wurde von Erfolg gekrönt.

Und viele, die so mit ihm sprachen,
Wurden über ihre eigne Klugheit klug,
Und er verstand sie nicht
Und lernte eine fremde Sprache,
Die er einfach sprach,
Und man erkannte,
Dass er von Verfremdung sprach,
Die war ein hoher Teil der Kunst,
Und alles machte er bewusst.

Was ihre Kunst betraf, das traf ihn selbst
Am meisten,
Und er schwor sich
Ab sofort um jeden Preis zu schweigen,
Und man schwieg mit ihm
Und dachte mit ihm nach,
Und einer fasste den Gedanken,
Dass die Kunst an ihm
Nicht das Produkt des Künstlers sei,
Nein, dass sie selbst leibhaftig existiere,
Und sie lenke jede Kunst auf sich,
Und sie verzichte ganz auf sich
Und mache ihn zum Kunstprodukt
An sich.

Sonnenaufgang

Jeden Tag,
Das hatte er sich einmal vorgenommen,
Wollte er bewusst erleben,
Und er hatte sich geschworen,
Einmal wenigstens an jedem Tag zu tun,
Als gäbe es in ihm,
Um ihn herum nicht eine Sorge,
Keinerlei Bedenken,
Nichts, das ihn bedrücken könnte,
Und er wollte auch auf keinen Fall
In diesem Augenblick
An Fröhlichkeiten denken.

Täglich einmal wollte er
Mit seinen Augen in die Stille blicken,
In ein Nichts,
Sich völlig in ein Wasser fallen lassen
Und sich ohne jede Schwimmbewegung sinken lassen,
Um dann plötzlich aufzustehen
Und sich zu besinnen.

Und die Zeit dafür war gut zu wählen,
Und er legte sie in allerfrühste Morgenfrühe,
Wenn er seine Beine in der Enge seines Zimmers,
Zwischen Wand und Bett,
Auf seinen Teppich stellte
Und sich selbst nicht stellte,
Sondern sitzen blieb.

Und seine Augen fielen
Auf die Muster der Tapete,
Und er tauchte tief
Und atmete das Schweigen ein,
Und nichts erlaubte er in sich, sich zu bewegen,
Und er wachte über sich.

Das dauerte Sekunden,
Dann besann er sich

Und zog sich an ein Ufer, an den neuen Tag,
Den konnte er und niemand kennen,
Und er machte eine zweite Wäsche,
Zog sich an
Und plante einen Plan für sich zu machen,
Den schrieb er in sich
Auf eine unsichtbare Tafel,
Den verlöschten neue Pläne
Mit ganz anderen Terminen,
Und er überschrieb, was er beschrieb,
Und übersah und übersah,
Und er besann sich auf den frühen Morgen,
Das gab wieder Ruhe.

Seine Tage waren ohne Gleichmaß immer gleich,
Und streng genommen unterschieden sie sich
Kaum noch voneinander,
Und selbst mit sehr großer Mühe
War das Gleichmaß nicht aus seinem
Gleichgewicht zu bringen,
Und die Tage, Wochen, Jahre,
Nächte, Freizeit, Urlaub
Kamen gingen,
Hingen an dem langen Pendel,
Das schlug unerbittlich hin und her
Und hätte ihn, das wusste er,
Schon längst erschlagen,
Wenn er nicht zu seiner Rettung
Morgens die Minute seiner Rettung
Über all die Zeit gerettet hätte.

Stand der Mittagssonne

Man setzte ihn
Vor eine große Glaswand,
Die war völlig transparent,
Und auf der andren Seite und auf dieser
Standen Kameras, die ihn
Und das was ihn bewegte
Und was er auf diese Fläche malen sollte,
Ganz genau verfolgten wollten,
Und sie hatten auch den Ton mit eingeschaltet,
Der schrieb mit
Und führte Protokoll,
Und er war sehr bekannt und malte Bilder,
Wie man sie noch nicht verstand,
Und darum sollte er vor aller Augen malen
Und für das Verständnis reden.

Und er würde wohl in Farben malen, sagte er,
Und nahm die Farben Weiß und Schwarz,
Das wären keine Farben,
Und sie könnten doch nicht ohne Farben sein.

So war es vor dem ersten Strich,
Dass man ihn nicht verstand.

Er machte eine Skizze, die war zu erkennen,
Die belegte er sofort mit den Kontrasten
Und mit Grau,
Das mischte er auf dieser Tafel an,
Und überließ es ihr
Und wollte es nicht mehr entfernen,
Und es wurde zum Bestand.

Man wusste nicht, wie man das Mischen mit der Arbeit
In Verbindung bringen sollte,
Und er lachte über so viel Fragerei,
Und er beschrieb mit Worten,
Dass die Mischbarkeit und das Vermischte
Fast das Wesen seines Bildes wären,

Und das Wesen, das er malte,
Würde jetzt lebendig.
Und er wurde an dem Bild zum Arzt,
Der operierte und belebte
Und der tötete,
Und unter seinen Händen wichen und entstanden
Die Lebendigkeiten
Die sich auf dem Bild bewegten und verharrten.

Und die Leute,
Die ihm über seine Schulter sahen,
Waren im Geschehen und geschahen mit
Und waren voller Anteilnahme,
Und die Rückwand vor der zweiten Kamera,
Bewies ein Hinterglasgemälde,
Das war etwas anderes
Und war das Glas im Leben,
Das war ahnungslos,
Und ahnte nichts
Von einer Vorderseite,
Und er hielt nun inne
Und berichtigte noch Kleinigkeiten,
Und das Bild stand auf den beiden Seiten still
Und war am Leben,
Und man hatte alles miterlebt,
Und es war rundherum erlebbar
Und begehbar,
Und man hatte nun verstanden,
Warum seine Bilder noch nicht
Zu verstehen waren,
Und es ging um die Lebendigkeit
In seinen Werken.

Die Eroberung der Erde

Entgangenes Land

Als sie hörte, dass die Schwägerin
Ein Kind bekommen sollte,
War sie voller Freude,
Und sie sprach mit ihr
Und wollte gratulieren,
Und die Schwägerin sprach nicht mit ihr
Darüber.
Aber sie würd Tante werden
Und das Kind besuchen,
Und sie wäre eine junge Tante,
Und sie hatte selbst schon einen Mann
Und brauchte sich nicht zu beeilen,
Und sie waren noch mit allem
Erst am Anfang.

Sie jedoch ließ ihre Schwägerin nicht aus den Augen,
Und sie sprach sie oft auf ihren Zustand an
Und auf den Umstand
Und erwähnte nicht vor ihrem eignen Mann,
Dass seine Schwester
Keine Freude daran hätte
Und verglich sich mit nicht einem Wort
Mit ihr
Und dachte sehr an sich dabei.

Sie würde, wenn sie soweit wäre,
Sich vor Freude selbst umarmen,
Und sie sah, dass ihre Freude
Schon in ungeheurer Nähe saß
Und greifbar wurde,
Und ihr Hoffen wuchs,
Und oft genug hat man gehört,
Dass, wird die eine schwanger,
Es nicht lange bis zur Schwangerschaft
Der andren dauert,
Das liegt an der Frau, so sagt man,

Weil sie den Gedanken nähren
Und ihn in sich Früchte
Tragen lassen kann.

Ihr Ohr lag innen, und sie war voll Hoffnung
Und voll Freude,
Und die Schwägerin verlor kein Wort
Der Freude
Und dass sie in guter Hoffnung war
Und kleidete sich nicht nach ihrem Umstand,
Und nur einmal stöhnte sie,
Dass sie im Umstand sei,
Der sei beschwerlich,
Und sie hätte diesen Umstand nicht geahnt.

Es ging ihr auch nicht gut,
Sie hätte sich sehr gern' davon befreit
Und ihre Sache einer andren angetragen,
Und sie sagte auch,
Dass sie sich jetzt ein Kind
Noch gar nicht hätten leisten können,
Und es wäre ein Versehen,
Und sie dachte an die Zukunft,
An die eigne Zukunft,
Und nicht, wie es weitergehen könnte.
Ihre Schwägerin war nicht im Dank,
Das sah sie,
Und sie schrieb es ihrem Zustand zu,
Der war nun gut zu sehen,
Und sie dachte, wie ein Mädchen denkt,
Und nahm mit ihrer Hand
Das Maß des Fußes dieses ungebor'nen Kindes,
Das nahm sie vom Bauch der Schwägerin,
Und strickte kleine weiche Schuhe.

Mit der Farbe war sie ganz neutral
Und einmal öfter, dass es ihr schon auffiel,
Strich sie über ihren eignen glatten Leib,
Und ihre Haut war ohne Falten,
Die, so dachte sie,

Wär'n mir ein liebes Zeugnis,
Und die Schwägerin rief aus der Klinik an,
Es wärt noch einmal alles gutgegangen
Und es ging ihr gut,
Das Kind sei eine Totgeburt,
Sie läge noch zehn Tage in dem Einzelzimmer,
Und sie wär' nicht krank
Und jeder könnte sie besuchen,
Und die junge Schwägerin saß fassungslos
Und ungefasst
Und weinte sich die Tränen
Über ihre Hände.

Ein Land der Sonne

Als sie selber schwanger wurde,
War sie ohne das Gefühl
Für diese Schwangerschaft.
Die hatte sie herbeigesehnt,
Und das Gefühl war ihr vorangegangen.

Nun war es zersprungen,
Und es schien,
Als machte es für andere Gefühle Platz,
Die waren erst im Wachsen,
Und sie hatte keine Angst
Und wusste nicht, sich zu verhalten,
Und sie hätte ihrem Mann
Davon erzählen sollen,
Dass er sie in Ruhe hätte Mutter
Werden lassen können,
Und sie wollte ihren Zustand nicht berufen
Und verschwieg es ihm
Und wollte wenigstens zwölf Wochen warten
Und so gut es ging sich schonen,
Und sie hatte all die Zeit ganz allgemein
Sehr viel davon erzählt
Und viel von Schwangerschaften
Andrer Frauen, und sie wollte seine Meinung hören.

Und er sagte wenig, das war viel
Und machte sie ganz sicher,
Und er sagte schließlich viel
Als sie ihm wenig sagte,
Und er freute sich
Und riet ihr noch zu schweigen,
Und sie sagte "Ja",
Und beide kannten sich nicht aus,
Und ihre Mutter hatte sie schon lange eingeweiht,
Und die schwieg auch
Und sagte es nur ihrem Mann
Und den vertrauten Frauen,
Und die schwiegen auch,
Und alle wussten längst davon,
Das wussten beide nicht
Und dachten nicht daran
Und gaben es den Freunden dann bekannt.

In ihrer Schwangerschaft
War sie nicht frei von ihm,
Und er war manchmal unbeherrscht,
Und sie sprach mit dem Arzt,
Und der beruhigte sie etwas,
Und sie sollte ihm entgegenkommen,
Und es wurde sowieso zu unbequem
Und hörte schließlich auf,
Und er spann eine große Sorge um die Frau,
Die trug die Last mit Freude
Und mit Sorge und mit Vorbereitung,
Dass sich eine Sorge um die andre zog,
Sie tastete mit ihren Ohren
Und den Händen ihren Leib,
Das neue Leben ab, und gab ihm Sinn in ihrem Sinn
Und liebte den gespannten Leib,
Und liebte seine Eifersucht,
Die war umsonst und eine Kinderei,
Daran und an die neue die nun käme
Wollte sie ihn schnell gewöhnen.

Die Niederwerfung eines Volkes

Sie wurde schwanger
In Gewalt von ihrem Schwager,
Und sie hatte selbst mit Schuld daran,
Und wusste nicht,
Wie sie es ihrem Mann erklären sollte,
Und sie hatte schon zwei Kinder,
Und ein drittes war nicht mehr geplant,
Und sie begann in Windeseile
Ihrem Mann die Liebe vor zu heucheln,
Und er lachte über sie
Und nahm sie an
Und sprach zu seinem Schwager über seine Frau
Und spottete,
Dass Frauen, wenn sie nicht mehr Frauen wären,
Läufig würden,
Und sie tranken Bier dabei
Und lachten wieder unter ihrer Derbheit,
Und sie griffen nach den Schwestern
Und vergriffen sich,
Und in der Angst bereute sie
Und schwor sich zu entziehen.
Sie erinnerte sich auch
Und hatte damals auch gedacht,
Dass sie die Vergewaltigung
Mit ihrer Kraft verhindern könnte,
Und es hatte nicht nur nicht die Kraft gereicht,
Sie hatte auch zu wenig Willen
Gegen sie gesetzt
Und hatte sich ihr ausgesetzt
Und hatte nachgegeben.

Später sagte sie von sich zu sich,
Sie hätte aufgegeben,
Und das stimmte nicht,
Und wenn die Männer tranken,
Prahlten sie,
Und ihre Schwester durfte nichts erfahren,
Und ihr Mann war unberechenbar.

Und sie erzählte ihm,
Dass sie das Klima nicht vertragen könnte,
Und es ginge ihr hier schlecht,
Und diese Gegend wäre ungesund,
Und er kam nicht auf sie
Und nicht auf die Gedanken, die sie hatte,
Und sie sorgte sich auch,
Dass der Schwager sie nicht lassen würde,
Und beschwor den Mann
Und machte ihm Versprechen,
Bis er schließlich von alleine
Auf den Umzug kam,
Und sie beeilte sich
Und schrieb die Briefe,
Dass er sich bewarb um eine neue Stelle,
Und das ging sehr schnell,
Und ihrer Schwester und dem Schwager
Wurde die Versetzung vorenthalten.

Und er fuhr voraus
Und war die nächsten Wochen hinter ihr
Und sehnte sich zurück
Und war dann auch nicht zimperlich
Und ließ es sich bei einer anderen gefallen,
Die sah auf sein Geld
Und gab ihm, was er wollte.

Und im vierten Monat
Zogen sie in aller Stille um.

Er kam nicht erst zurück zu ihr
Und half ihr nicht
Und half ihr so am meisten
Und beendete vor ihr die andre Frau.

Dann fand er sie
In ihrem Zustand, der sich wiederholte, ganz normal,
Sie machte einen Strich und baute sich von unten wieder neu
Ein winzig kleines Glück von vorne auf

Und sah der Niederkunft entgegen,
Und sie schwor sich einen zweiten Schwur,
Und Kindersegen hätte sie danach genug
Und dachte auch,
Wer weiß, wozu das alles gut ist.

Auf dem rechten Weg in die Irre

In einem Garten

Sie hat nur noch ganz selten die Gelegenheit
Ihr Haus zu zeigen,
Das ist klein geworden,
Und es dehnte sich mit jedem,
Der das Haus verließ,
Um eine weitere Unendlichkeit.

Man hatte ihr einmal ein Bild
Aus einem Sternenbuch gezeigt,
Darin sah sie die Sternenexplosion,
Die raste allseits in den Raum
Und stand doch sichtlich still,
Und in der Mitte,
Dort, wo sich der Kern befunden hatte,
Drohte trotz der absoluten Leere
Der Zusammenbruch,
Der Einsturz der Materie auf ein Nichts,
Das würde sich zum Nichts zusammendrücken,
Wenn es auf sich fiele.

Hier im Treppenhaus hat sie noch Bilder hängen.
Alle hat sie früher selbst gemalt,
Und eines hängt verkehrt herum,
Das hängt so wegen seiner Proportionen,
Und es war bei allen
Immer wieder im Gespräch, gewesen.
Ihr war's völlig gleich,
Sie sah die Qualität mit andren Augen,
Und sie schloss sich keiner Meinung an

Und hielt auch nichts dagegen,
Und im All, so hatte damals noch ihr Mann gesagt,
Bedeuten Unten, Oben gar nichts,
Alle müssten davon lernen, und sein eigner Kopf,
Das wusste sie dann besser als er selber,
Ging auch ohne ihn spazieren.

In den Kinderzimmern standen alle Spiele still,
Und diesen Frieden
Hatte sie als Kriegsspiel gegen sich,
Sie war hier die Verliererin
Und wurde an die Wand gestellt,
Im selben Augenblick verurteilt, und
Es legten die Gewehre immer wieder auf sie an,
Wenn sie in ihre Kinderzimmer kam.

Der Arbeitsplatz von ihrem Mann
War unverändert,
Und sie hatte nie den Schreibtisch untersucht
Und nie versucht in ihm zu finden,
Was sie suchte, wenn sie ihn besuchte.

Manchmal wischte sie den Staub von seiner Oberfläche.
Sauber eingestäubt lag auch sein Bett,
Das ließ sie wie es war,
Und nahm sich wieder an die Hand
Und führte sich zurück
Und konnte sich nicht mehr viel mehr
Von früher zeigen.

In einem Park

Es war die Strafe dafür,
Dass sie sich verboten mit ihm treffen wollte,
Und er war nicht an dem Platz im Park,
Den hätte er doch finden müssen,
Und sie sah sich um
Und wollte nicht vor sich nervös erscheinen,
Sonst war niemand da.

Sie ging die Schritte bis zu einem großen Baum
Und kam zurück
Und drehte sich auf einer Sohle
Auf der Stelle hin und her
Und trat auf einen kleinen Stein,
Den bohrte sie tief in den Sand.

Sie sah zurück
Und durch die Büsche,
Und alleine wollte sie in diesem Waldstück
Auch nicht bleiben.

Dunkelheit begann hier schneller
Als an andren Stellen
Und es klopfte ihr das Herz
Aus Angst vor ihm und sich,
Aus Angst vor diesem Treffen,
Und aus Angst, das es misslingen würde,
Und aus Angst vor diesem Platz.

Sie hatte alles eingefädelt,
Und, es war gemein, mit ihr so umzuspringen.

Dann ging sie den Weg ein Stück zurück
Und hoffte nun,
Dass niemand kommen würde, außer ihm.
Die Tränen konnte sie jetzt gar nicht brauchen,
Und die standen
In der ersten Reihe.

Endlich tat sich in der angestarrten Tiefe
Etwas,
Eine Dunkelheit schnitt sich heraus,
Die wurde heller.
Unter ihr, der Stuhl aus Angst und Wut
Verflog in eine Schaukelei der Freude

Blitzschnell zog sie ihre hohen Schuhe aus
Und lief zu ihm,
Und ihre ausgestreckten Arme
Jubelten im Sieg
Und stiegen an ihm auf.
Sie schluchzte in sein Ohr,
Fast schimpfte sie ein wenig,
Sagte ihm ein Kosewort
Und ließ sich von ihm halten.

Er nahm sie verlegen an,
Beruhigte sie sanft,
Und sagte:
"Hier im Park braucht niemand Angst zu haben,
Wenn sie wollen
Bringe ich Sie an den Ausgang".

Fast unhörbar schrie sie ganz kurz auf.
Dann sank sie fassungslos in sich zusammen
Und verlief als Wasser auf dem Weg,
Der sog sie auf.

In einer Landschaft

Er war auf einer Wanderung
In einem Land, das hatte er gesucht,
Und hatte Hunger.
Es war warm.
Das Land lud ihn zu allem ein
Und gab nichts her.

Um ihn herum die Knoten kleiner Höfe.

Vor der Dunkelheit
Schlug er sein Zelt in einer Gegend auf
Und ging zu einem Haus,
Das war viel weniger als ein Gehöft,
Dort wollte er um Arbeit fragen,
Ja, vielleicht würd' man ihn
Essen lassen,
Und er hatte sehr viel Zeit,
Die wurde immer mehr,
Je mehr sie von ihm wich.
Er hatte lange Wege hinter sich gebracht.

Es würfelte sich ihm
Ein kleiner Hund entgegen,
Der war zutraulich,
Der lief vorweg, zurück und hinters Haus.
Dort stand vor einer Bank,
Als suchte sie schon,
Eine Frau.

Die sagte gleich zu ihm:
"Da bist du ja", und meinte ihn,
"Verstau dein kleines Zelt
Und komm' hierher und bleib' die Nacht.
Von mir aus bleib' so lang' du willst".

Er sagte: "Guten Tag" in seiner Sprache,
Die sie sprach,
Und ging zurück.

Ihr Alter, dachte er...
Sie konnte seine Mutter sein,
Und nahm sich seiner an.

Er war sehr müde und verbraucht,
Und sie war auch arm dran
Und sah nicht ärmlich aus.

Der Hund ging mit ihm mit
Und blieb bei ihm und auch bei ihr.
Es war ein Tier, das sich zu teilen wusste.
Sie war ohne Arg und ohne List und aß mit ihm
Und zog sich später vor ihm aus
Und ging mit ihm, so wie er war,
Ins Zimmer, wo sie schliefen.

Alles ist, so dachte er,
Mit irgendetwas zu bezahlen,
Und er wusste nicht womit.

Von nun an überließ sie ihm das Ganze.
Sie tat, wie es ihm gefiel, was ihr gefiel,
Und langsam war sie es, die ihm gefiel,
Und beide taten schließlich vieles nur,
Sich und dem andren zu gefallen.

So band sie ihn nicht,
Und er war ungebunden,
Und er fragte einmal mehr,
Womit er das verdiene.
Doch sie überlachte ihn:
Es sei ihr immer noch der erste Tag.

Die Ankunft jährte sich,
Und morgen würde er mit ihr den Tag
Als den Geburtstag feiern
Und er schlief aus Spaß in dieser Nacht
In seinem Zelt.

Am Morgen nahm er aus der Gegend
Ein paar Blumen,
Die verschrieb er ihr.
Das würde er im nächsten Jahr
So wiederholen,
Und im Jahr danach
Und danach und danach...

Mit der Mutter an sich

Ungeschrieben aufgeschrieben

Dieses ist ein ungeschrieb'ner Brief
Insofern, als ihn der, den er betraf, diktierte,
Und es war mehr ein Gespräch,
Mehr eine Beichte, ein Geständnis,
Das gestand vielleicht
Viel von der andren Seite,
Die war noch am Leben.

Er, so sagte er,
Kennt kein Gefühl für Mutterliebe,
Kein Gefühl für das Gefühl, daheim zu sein,
Und nie in seinem Leben habe er gespürt,

Dass diese Frau ihn sich in ganz besond'rer Weise
Spüren lassen wollte,
Nicht als Kind und später nicht.

Sie war für alle da
Und für die Schwester und die Brüder,
Und es gab nicht einen Tag,
An dem sie nicht den eignen Tag
Zum Tag der andren machte,
Und sie war nie krank
Und sah bis in das hohe Alter aus,
Wie man sie kannte,
Und man kannte sie ja täglich
Bis ins hohe Alter,
Und ihr Alter kam in unmerklichen Tagesschritten.

Er, so sagte er,
Erinnert sich nicht mehr an sie,
Und so sind sie einander nah
Und herzlich zugetan
Und sind einander fremd,
Und keiner greift dem andren in das Denken,
In das Wünschen,

In das Handeln,
Jeder hütet seine Sehnsucht
Nach dem anderen als ungewünscht
Und tut sie ab
Und hütet sie in einer ganz besond'ren Lade,
Die ist beiderseits als Schranktür
Im Tapetenmuster,
Und man sieht sie nicht.

In ihrer ersten Krankheit,
Die kam spät,
Empfand er kein Bedauern,
Und sie nahm sie auch nicht ernst,
Und dass er sie besuchte, freute sie,
Dass, meinte er, sei übertrieben,
Und ein andres Mal,
Als er erfolgreich war,
Fand er sie außer sich vor Glück
Und Überschwänglichkeit
Und lauter Ruferei nach anderen,
Die hören sollten,
Und er fühlte sich dadurch auf seinem Weg,
Den jeder wissen konnte, ausgerufen
Und verraten,
Und es ging ihm gut dabei,
Und es bewirkte wohl auch das Gespräch,
Von dem ich anfangs sprach
Und das ich schreibe.

Etwas, sagte er, sei aus der Frau gefahren
Und beträfe ihn,
Und es sei eine Wandlung
In ihr vorgegangen,
Und sie habe ihn geweckt,
Er wüsste nicht wohin mit seinem Denken,
Und sie habe ihm
Die Hand berührt,
Es schien wie aus Versehen,
Und sie hätten sich sonst nie berührt,
Im Kommen nicht

Und nicht im Gehen,
Und sie habe dieses Handberühren
Mit den Augen eines scheuen Tieres
Durchgeführt
Und es in seinen Augen abgelesen,
Und es hätten ihre Augen hinterher geglänzt.

Und er, so sagte er,
Sei immer noch verlegen,
Und er hätte ihren Handgruß
Nicht erwidert,
Und, so sagte er,
Er habe nie auf ihrem Schoss gesessen,
Und nun wäre er zu groß dafür.

Die Mutter an sich

"Vielleicht bin ich ein junger Mann,
Vielleicht auch noch ein Jugendlicher",
Sagt er selbst von sich,
"Und ich seh' aus wie meine Mutter,
Die sieht aus wie ich.
Wir lachen viel
Und denken schnell,
Und die Gedanken überschlagen sich
Auf unsren Zungen".

Und er liebte seine Mutter,
Das bemerkte man sofort,
Und er sprach über ihren Mund
Und über ihre Augen und von ihrer Größe,
Und vom Vater wusste er fast nichts zu sagen,
Und er käme gut mit seinem Vater aus,
Und was er an ihr liebte,
Liebte er an sich
Und sie an sich
Und sich an ihr
Und war in allem frei
Und wortgewandt

Und kam zurück auf sie
Und sprach in der Begeisterung von ihr,
Und meinte sich als Teil von ihr
Und käme ohne seine Mutter gar nicht aus,
Das dachte er nicht aus
Und nicht zu Ende.

Und er machte gerne, was sie machte,
Und sie ritt und hatte Angst davor,
Und er ritt auch und redete sich ein,
Dass er die Pferde liebte,
Und er hatte hinterher erst das
Befreiende Gefühl,
Das kannte sie, das teilte sie mit ihm,
Und beide ließen sie nicht ab
Von diesen Tieren.

Und er kochte gerne
Und verglich sich oft mit ihr
Und sah in ihrer Hausarbeit die Arbeit,
Die er gerne machen wollte,
Und er machte sie vor ihr,
Und sie empfand die Wohltat,
Und sie tat für ihn sehr viel voraus,
Das holte ihn dann ein
Und überraschte ihn.

Und seine Welt war fest gefügt,
Und er war kein Athlet
Und war nicht stark,
Und seine Stimme blieb zu lange
In der Höhe liegen,
Und man fragte nach,
Wenn er sich telefonisch meldete,
Ob wohl der Sohn zu sprechen sei,
Das fanden beide lustig,
Und sie trieben damit eine Spielerei,
Die schloss die andren völlig aus.

Und nichts war ihnen vorzuwerfen
Und wenn er auf Reisen ging,
Schrieb er ihr täglich einen Gruß
Und rief am zweiten Tag schon bei ihr an,
Und fuhr die Mutter fort,
War es ihr Amt,
Und zwischen ihnen gab es keine Eifersucht,
Und sie verziehen sich im Voraus
Jedes mögliche Versäumen
Und bedankten sich,
Und liebten sich so jeder sich an sich
Und an dem anderen.

Für ein Kind zu schwer

Sie ging zurück ins Nachbarland,
Man gab ihr die Erlaubnis,
Und sie wollte nur als die Besucherin
Die Heimat sehn, die war seit vierzig Jahren
Keine Heimat mehr
Und zog sie heim,
Und jemand, der vor ihr hier war,
Erzählte, dass sich kaum etwas geändert hatte.

Und sie dachte an die Einzelheiten,
An die Wanduhr, die Tapeten,
Ganz bestimmte Räume,
Büsche, Wege, Flüsse, Teiche, Hecken,
Augenblicke, die sie nacherleben wollte,
Und sie ging zurück
Und kam gut an,
Und kam zu Anfang gar nicht an,
Und niemand lebte hier von denen,
Die sie kannte,
Und erst langsam sah sie in den Alten,
Die von damals wieder,
Und es war ein Stich,
Der riss ein Tuch von ihrem Kopf.

Im Elternhaus wurd' sie zum Kind
Und ließ sich von der neuen Mitbewohnerin,
Die war sehr alt,
Die Zimmer zeigen,
Und die kannte sie auch nicht,
Bis sie sich dann erkannten.

Und sie sah in jeder Stube
Das Gesicht der Mutter,
Hörte über kleine Flure Ihre Mutter rufen,
Sah sie in den Fenstern und Gardinen,
Sah sie winken, sah sie laufen.

Irgendwo hier draußen
War sie ohne sie begraben worden,
Jetzt war es zu spät,
Und die Erlaubnis in dies Land zu reisen,
Konnte gar nichts mehr erlauben.

Vieles war vergessen
Und erhob sich erst bei ihrem Eintritt,
Und sie fragte nach der Pflege dieses Grabes,
Und es machten Jugendliche
Und die Leute aus der Nachbarschaft des Grabes,
Und es stand kein Kreuz,
Es stand kein Stein,
Es war nichts zu beschaffen.

Sie war hergekommen,
Um zurück zu gehen,
Und sie ging als Schülerin den Schulweg,
Dass sie fast dieselben Gräser
An den Straßenrändern sah,
Und immer wieder war die Stimme ihrer Mutter
Tief in ihrem Kopf,
Die rief ihr nach und rief ihr hinterher
Und etwas zu, und sie bedachte alles,
Das war ihr schon längst entfallen,
Und das Grab war karg und menschenleer
Und kümmerlich gefasst,

Man konnte nichts mit sich nach Hause nehmen,
Und sie machte auch kein Bild
Und nahm das Bild, wie sie es sah, mit heim
Und war allein hier draußen,
Und sie suchte nach dem Zwiegespräch
Mit ihrer Mutter, das blieb aus
Und stellte sich erst spät am Abend,
Fast im Schlafen bei ihr ein,
Und hier am Grab war es zu schwer,
Das war schon halb im Traum,
Und sie stand über ihr und unter ihr,
Weil sie ja oben war.

Der Himmel hing nicht tief genug.

So nah bei ihr zu stehen
War für sie, das Kind, zu schwer,
Und warme Tränen liefen über ihre Wangen
In die Kissen.

Aufbruch im Warten

Bis in die Jugend warten

Im Warten hatte er gelernt zu warten,
Und er hatte lange warten müssen,
Als er in der Wache stand
Bei den Soldaten,
Und er hatte damals Glück gehabt
Und die Gefahren nicht gespürt,
Und andre Wachen waren
Trotz des Wartens und des Wachens
Überfallen und getötet worden,
Und man hatte ihnen Munition gestohlen
Und die Waffen,
Und in seinem Warten war er nie
Von der Gefahr berührt gewesen.

Und er wartete sehr gerne
und so oft es ging,
Und wartete, weil er das Warten liebte,
Ohne Grund auf nichts.

Er konnte sich,
Weil ihn die Zeit nicht drängte,
An die Straßenecke stellen
Und dort warten,
Und er dachte nichts dabei,
Und fremde Leute, die ihn nur vom Sehen kannten,
Lachten etwas über ihn
Und kannten ihn,
Obwohl sie ihn nicht kannten
Und sie sagten sich:
"Er wartet wieder
Und weiß nicht warum
Und nicht auf wen,
Und er vergeudet seine Zeit mit Warten".

Und er hatte ihren Fragen zugehört
Und sie sich angehört
Und sie nicht überhört,
Ob er auf etwas warte,
Und wenn ja, auf wen und was,
Und seine Antwort war ja seine Wahrheit,
Und er sagte: "Sicher warte ich auf etwas."

Und die Leute waren damit nicht zufrieden,
Und er sagte noch:
"Wenn ich es jetzt schon wüsste,
Brauchte ich doch nicht zu warten",
Und er wartete woanders weiter.
Leute sprach er nie
Von sich aus an.

Man dachte, dass er etwas wissen wollte
Oder wissen müsste,
Nur damit er etwas andres wissen konnte,
Und er fragte nicht

Und wollte auch nichts wissen.
Und er wartete bei sich zuhause weiter.

Während er die Mahlzeit zubereitete
Und aß,
Tat er nichts weiter als zu warten,
Und er wartete in großer Andacht fort
Und in unendlicher Geduld
Und mit Vergnügen immer wieder neu
Und wünschte sich nichts anderes
Und wartete zurück bis in die Jugend,
Bis in seine ersten Kindertage
Und soweit er denken konnte.

Die Kleinheit eines Augenblickes

Er sagte zu sich selbst,
Ich muss im Warten warten,
Und an einem Tag blieb er daheim
Und rief in seiner Firma an
Und meldete sich krank,
Und alles deutete auf eine gute Post,
Die musste endlich kommen,
Und er musste in der Nähe sein,
Wenn sie nach seiner Nähe fragte,
Und er ging nicht aus.

Er hatte dies Gefühl im Magen,
Und er las nun wieder in dem Horoskop,
Das stand sehr gut für ihn.
Es war auch höchste Zeit,
Dass eine Antwort kommen würde.

Käme sie nun wieder nicht
Und in den nächsten fünfzehn Tagen nicht,
Dann riefe er dort an und würde einfach fragen.

Und er stand am Fenster
Und war ganz allein zurück geblieben,

Und den andren hatte er erzählt,
Er ginge später fort,
Das könnte er so richten,
Und er richtete dabei an sich den Schaden an,
Und alles setzte er auf diesen Brief.
Dann kam die Botin mit der Tagespost,
Sie war ein junger Mensch,
Und sah ihn gleich im Fenster steh'n.

Für sie war es ein ganz gewohntes Bild,
So sah sie täglich hundert Leute steh'n,
Die sahn ihr nach und ihr entgegen,
Und die sahn einander nicht
Und bildeten auf ihrem Weg die Kette.

Viele waren alt und sehr allein.
Sie winkte mit der Post zu ihm
Und warf sie in den Kasten
Und fuhr fort,
Und er schlug, ohne seine Hand zu heben,
Seine Hände vors Gesicht
Und schämte sich in seiner Gier nach Post,
Die sollte nun den Glauben
An das endliche Geschehen enden,
Und es war weit überdehnt,
Und er ging schnell nach draußen.

Hinter ihm sprang noch die Tür ins Schloss,
Den Schlüssel hatte er vergessen mitzunehmen,
Und er hatte keine Jacke an,
Und draußen war es kalt,
Und die Probleme wuchsen,
Und im Kasten steckten wieder nur,
Die dummen und verfluchten
Antwortkarten irgendwelcher Sonderangebote,
Und er dachte auch,
Das hast du nun davon
Und lernst mit nichts dazu
Und frierst im Frost
Und stehst vor deiner Tür

Und bist enttäuscht von dir
Und von den anderen.

Die Kleinheit diese Augenblickes
Wuchs zu einem Riesen aus,
Der herrschte über
Und beherrschte ihn.

Stillstand in der Explosion

Er war voll Ungeduld,
Und er entschied in seiner Sache gleich
Und schrieb sofort den Brief,
Der musste pünktlich sein.

Er brachte ihn auf seinen Weg
Und zögerte,
Weil auch der Weg ein Anfang war,
Und alles drehte sich um den Termin.

Der Brief wurd' von ihm aufgegeben.

In demselben Augenblick
Erinnerte er sich,
Dass er in seiner Eile
Doch das Datum nicht mehr eingetragen hatte,
Und der Brief lag in dem Kasten,
Und die Hand, die danach griff,
Erreichte ihn natürlich nicht.

So wartete er auf den Sammelboten,
Der gab auch den Brief nicht frei
Und ließ sich nicht bereden,
Und es wäre streng verboten,
Und auch, dass er ihm, dem Boten,
Die Erlaubnis gäbe, wär' verboten.

Und es war ein Schreiben,
Das blieb in der Stadt,

Und er schrieb einen zweiten Brief,
Der trug nun wirklich alle Daten,
Und dem musste er sein eigner Bote sein,
Sonst käme er nicht an an dem Termin,
Und er erschien mit seinem Schreiben in der Hand
Und stand vor seinem eignen Brief,
Der traf grad ein
Und war versehen mit dem Eingangsdatum,
Und das war genug.

Und alles, was er sonst noch tat,
War viel zu viel
Und nur das Resultat der Ungeduld,
Die war kaum zu ertragen.

Und er fragte gleich
Nach dem Bescheid, den gab man nicht,
Er musste sich in neuer Ungeduld bescheiden.,
Und er dachte über andre Wege nach
Und schritt sie ab
Und eilte sich auf ihnen,
Und er kannte jemanden,
Den könnte er gewinnen
Und ihn seine Sache mit gewinnen lassen,
Und er ging gleich zu ihm hin
Und traf ihn nicht
Und hinterließ ihm einen neuen Brief,
Und rief ihn an
Und konnte ihn Zuhause nicht erreichen.

Und es schalteten sich Leute ein,
Die wollten ihm behilflich sein,
Das nahm er gerne an
Und rief auf ihren Rat auch andre an,
Die rieten ihm, weil sie von einer Sache wussten,
Die ganz ähnlich war,
Und er riet ihnen und bedankte sich
Und schrieb in deren Sache einen Brief.

Und weil er nun den Schreiben wenig traute,
Machte er sich auf den Weg
Und sprach in fremder Sache
Eine fremde Sache an,
Und er verfolgte sie so weit es ging,
Und dachte in der fremden Sache
Auch an seine Sache,
Die trieb ihn, das spürte er,
Maßlos voran.

Explosion nach innen

Unter einer Sonne

Eigentlich war sie die Speise,
Die wir aßen,
Morgens, mittags, abends,
Und wir zogen ohne sie
Nicht einmal eine Decke auf den Tisch.
Und lag die Decke unter den Bestecken,
Strichen wir mit unsren Händen über ihre Haut, um jede Glätte
Zwischen den vermissten Falten
Glattzustreichen,
Und es war das Streicheln eines Zustands,
Den wir nicht vermissen wollten.

Diese Decke zog sie unter alles,
Alles weihte sie auf diese Weise,
Und sie weihte ihre eigne Fröhlichkeit,
Die mischte sich mit Freundlichkeit
Und Eigenglück, das haben Menschen,
Die genügsam sind
Und sich genügen mit dem Glück in sich
Und die den Anspruch gelten lassen
Und Gerechtigkeit verwalten
Und so, ohne es zu wissen,
Vorbild sind,
Das wird man kaum erreichen,
Und man weiß, es ist erstrebenswert.

Vor unsrer Tür liegt morgens manchmal Glas,
Das sind die auf den Weg geworf'nen
Weggeworf'nen Flaschen,
Und ich seh' sie liegen,
Und ich seh' die Splitter,
Wie sie sich im Raum verspielen,
Wie sie lauern und gefährlich sind.

Und sie ist schon zur Stelle
Und bedenkt auch die Gefahr
Und räumt sie schnell beiseite,
Und sie streichelt noch ein Tier,
Das kommt an ihre Seite,
Lockt die Vögel, die sie auch bemerken,
Ruft die wahre Sonne hinter sich
Und schaut hinauf und schaut sie an,
Und mir fällt ein,
Dass ich sie immer für die Sonne hielt
Und sehe sie nun neben ihr,
Und ihre Augen kneift sie zu
Und zählt wohl innerlich gewisse Zahlen ab,
Dann reicht es aus, und ich versteh' mich nicht
Und gehe ohne nur ein Wort zu sagen,
Das ruft sie mir nach,
Und überlasse sie und alles ihrer Sonne
Und verlasse sie.

Mag sein, dass sich ein Sonnenwind auf mich ergoss
Und seinen Brand verregnete,
Mag sein, dass ich mich auch nach einem Regen sehnte
Der die Sonne übergoss,
Sie nur an aufgeriss'nen Stellen
Seiner Wolkenfelder für mich scheinen lassen sollte,
Mag ja alles, alles sein.

Als neben ihr die zweite Sonne stand,
Zog es mich heim und fort von ihr
Zur Sonne.

Auf dem Mond

Von meinem Mond
Kann ich die Erde sehen,
Und sie ist so groß,
Wie sie uns Bilder von der Erde zeigen,
Wenn man sagt:
"So sieht man von dem Mond die Erde,
Wenn sie auf- und untergeht."

Sie bildet eine Sichel
Und hat schöne Farben.

Nah ist sie und greifbar,
Und man greift nach ihr, ihr nach.

Ich stehe auf dem Mond,
Auf meinem Mond, und greife nicht hinüber,
Weil ich es nicht wage,
Und es wäre
Die Enttäuschung viel zu groß für mich,
Ich könnte auch dort drüben
In Geschehen greifen, die ich gar nicht kenne,
Und Geschehen erst geschehen lassen.

Jemand schlägt im Regen,
Nur als Beispiel,
Seinen Mantelkragen hoch,
Und ich halt' ihn zurück,
Weil ich den Regen und den Mantelkragen
Nicht verstehe.

Ich leb hier allein auf meinem Mond
Und kenne mich nur wenig aus,
Und kenne mich, da ich alleine bin,
Auf meinem Mond am besten aus.

Ich schreibe Erdgedichte, die ich singe
Und besinge damit meine Erde,
Und ich habe mir ein leichtes Spiel erdacht,

Das spiel' ich nur,
Weil hier die Kraft, die alles abwärts zieht,
Viel schwächer ist.
Sie lässt mich ohne weiteres
Die größten Sprünge machen,
Und ich bastle Schiffchen aus Papier,
Die stoße ich in Richtung Erde ab,
Und seh' sie steigen,
Und weit draußen treiben sie
Mir aus den Augen,
Und der Himmel meines Mondes
Ist noch lang' nicht voll davon.

Ich weiß auch,
Dass sie sich zum Schluss
Zurück zur Oberfläche neigen werden.

Ja,
Ich lebe wirklich auf dem Mond
Der Erde.

In den Sternen

In den Sternen
Bleiben die Gesichter unerkannt.
Ich mein' es so:
In einer Sternennacht,
Die voller Klarheit ist
Und ihre Sterne fast
Aus ihrer Klarheit fallen lässt,
Dass man gespannt nach oben blickt
Und auf die weißen Nadelstiche
In der Schwärze achtet,
Die in ihrer Schwärze immer tiefer
Immer schwärzer wird,
In einer solchen Sternennacht
Wird alles hell, was dunkel ist,
Und Dunkelheit wird eingeschränkt
Auf helle Flächen.

Auf der Brücke
Über einem stillen, glatten Wasser,
Finde ich mich endlich in den Sternen selbst.

Die stehen über mir
Und unter mir,
Und mein Gesicht bleibt unerkannt im Wasser steh'n,
Und neben mir, ich wage nicht mich umzuwenden,
Steht ein zweiter Mensch
Und stellt sich in sein eignes Sternenzelt.

So einfach ist die Welt,
Und einfach ist es auch,
Ihr etwas anzutun.

Ich brauchte nur mit einem kleinen Stein
Nach ihr zu werfen
Und zerbräche ihr Gesicht.
Der Mensch in meiner Nachbarschaft
Steht still und hofft auf mich, denk ich,
Wie ich auf ihn,
Dass nichts geschieht,
Und beide sehen wir nach unten
Und dabei nach oben in die Kuppel.

Dort entstehen auch die Sternenbilder, die ich kenne,
Und ich überlege, was dahinter liegen mag,
Und falle dabei in den schwarzen Kopf
An meiner Seite,
Der ist unten neben mir
Und rührt sich nicht
Und regt sich nicht
Und starrt wie ich ins Tiefe.

So entstehen keine neuen Pole.

Und der Mensch an meiner Seite
Ist nicht anders zu erklären,
Als dass er dort ist,

Wo ich ihn sehe,
Und ich drehe mich nicht um.

Ich höre keinen Atem,
Und er muss sehr eng an meiner Seite stehn,
Und spüre keine Wärme,
Die sich überträgt.
Ich sehe in der Tiefe in das Doppelbild,
Ins doppelte Gesichterschwarz,
Und halte meinen Atem an
Und hebe meinen Kopf
Und wende meinen Blick zur Seite,
Und ich sehe mich hier ganz allein,
Mein Nebenmann ist nicht vorhanden,
Und ich sehe schnell ins Wasser
Und ihn eben aus dem Bild verschwinden,
Und er ist nicht neben mir
Und war
Und ist nicht über mir,
Und außer mir war nichts in dieser Nacht,
Die mich in ihre Sterne stellte.

Entfremdung zur Heimkehr

Die wahre Wirklichkeit

In der Wirklichkeit
Ist es ganz anders,
Und es ist der Mühe wert,
Sich um die Wirklichkeit zu kümmern.

Und es ist in Wahrheit so,
Dass sich die Wirklichkeit
Nicht um die Wahrheit kümmert,
Und sie sind sich völlig fremd,
Und Kinder bauen sich schon Höhlen,
Die sie wie den Mutterleib bewohnen
Und verstehen nichts davon,
Und ich bin doch schon alt genug

Und sollte ganz entwöhnt
Und ganz gewöhnt sein,
Und ertappe mich in einem Bad
Und stehe unter einen warmen Dusche,
Und den Kopf halt' ich nach vorn' geneigt,
Gestützt auf eine Armatur
Und an die Kachelwand.
Und auf die Schultern,
Auf den Nacken,
Auf den Kopf ergießt sich dieses Streicheln,
Kraulen, angenehme Wohlsein,
Und in Wahrheit liegt mein Kopf
Im Schoss der Frau, die sitzt vor mir
Und ist nicht meine Mutter
Und hat nichts mit mir zu tun
Und ist mir fremd und völlig nah
Und innerlich vertraut,
Und ihr Gesicht ist unsichtbar
Und tief gebeugt
Und aufgelehnt auf meinen Rücken,
Und es ist ein Schrecken,
Der sich plötzlich auf mich setzt
Und diesen Augenblick zertrampelt.
Und ich wehre mich dagegen,
Und ich habe nichts zur Wehr zu setzen,
Und ich denke nach
Und denke, dass sich nach dem Denken
Etwas zeigen wird,
Und nichts zeigt sich
Und nichts erinnre ich,
Und nichts erinnert sich an mich,
Und niemals soll mir jemand das Gefühl erklären,
Und ich möchte nicht,
Dass jemand auf mich sieht
Und sieht mich nicht,
Weil er sich sieht.

Und unter andren Duschen
Stehen andre Leute
Und die machen andere, ganz ähnliche Bewegungen

Und stehen auch ganz still,
Als wären sie betroffen,
Und bewegen sich nur innerlich
Und sehen nicht herum
Und sind in Stein gegossen,
Und die Wahrheit um sie her
Ist keine Wirklichkeit.

In den Jahreszeiten

Man zeichnete das Bild des Fotografen aus,
Er schuf die Nacktheitsbilder,
Die den Menschen in der Nacktheit zeigten,
Und der Mensch war nie im Bild,
Und was er von ihm zeigte,
Waren abgelegte Kleider,
Abgelegte Angewohnheiten,
Es war der abgelegte Mensch an sich,
Der war das Bild
Und war doch nicht im Bild.

Es saß ein Kind im Sand
Und weinte neben der erschoss`nen Mutter,
Und ein andres Kind schoss, etwas ungezielt,
Auf andre Kinder,
Jemand hielt die Kriegspistole
An die Schläfe eines Jugendlichen
Und erschoss ihn, wo er stand,
Und Bilder dieses Übels reihten sich.

Das Jahr lief rückwärts
Und begann im Winter.
Herbstlich waren alle Fotos,
Die den Menschen als Maschine zeigten,
In der Anstalt für Kadetten,
Angeschnallt in Anstaltsbetten,
Als Beobachter beim Austausch
Eigener Organe und Gedanken,
Und beim Überfliegen enger

Und der weit gesteckten Horizonte
Mit den Flugobjekten, darin saß ein Mensch,
Der reiste ohne Wiederkehr.

Die Sonnenbilder schraubten den Erholungssuchenden
Mit Katastrophen in die abgestürzten Wälder
Aufgeschlagener Maschinen,
Und man hatte Bilder, die bewiesen,
Dass die Räuber schneller waren, als die Retter,
Und sie stahlen später noch die Urnen Hunderter
Um Gold daraus zu rauben.

Und die Sommerbilder trockneten sehr schnell
Und hinterließen eine Kruste,
Die sprang immer wieder schmerzlich auf
In Terror
Der durch alle Jahreszeiten raste.

Seine Frühjahrsbilder brachten
Über Wasservögel diesen Schwarzfilm,
Über Unterwassertiere fast den letzten Atem,
Und in einem Wasserarm
Ließ sich die Schwarzblutwunde
Nicht mehr schließen,
Und ein Krieg auf beiden Seiten
Hielt die Ader offen,
So als wäre sie die Ader ihres Lebens
Und des Überlebens,
Und es durfte daraus keiner trinken.

Und im Frühjahrsbild
War es in andren Ländern Sommer
Oder Herbst;
Und war dort Winter oder Regenzeit,
So waren die wie wir im Umlauf,
Und man konnte diese Bilder allen zeigen,
Jeder kannte sich auf ihnen aus
Und unterschied sofort die
Jahreszeiten.

Drei Namen für einen

Selten las er in der Tageszeitung,
Selten hörte er von einer Nachricht,
Die ihn int'ressierte,
Selten gab es Abendfilme,
Die in seinen Abend passten,
Und er hatte eine Welt in sich,
Die nahm ihn gänzlich in Beschlag
Und sprach aus ihm,
Dass man sich fragen musste,
Woher seine Worte kommen,
Die sind im Zusammenhang
Und doch aus dem Zusammenhang gerissen.

Ihm verblieb kein Unverständnis,
Und er hörte, dass man überall
Nach einem Zeugen rief,
Der hätte etwas zu bezeugen,
Und es riefen keine Polizisten
Und auch niemand der geschädigt war
Und niemand, der die Unschuld
Oder Schuld beweisen musste,
Sondern dieser Ruf erging von Wissenschaftlern
Aus verschiedenen Bereichen,
Und die stritten sich
Und riefen ihre Lehren aus
Und fanden nichts sie zu beweisen,
Und sie suchten einen Zeugen
Der vollendeten Entfremdung.

Und die einen sagten,
Dass es den ja wegen der Entfremdung
Gar nicht geben konnte,
Und die andren brauchten den Beweis,
Und niemand kam voran,
Und nun rief man den Zeugen aus,
Im Zeugnis zu beweisen,
Was nicht zu beweisen war;
Und er lief Schlittschuh,

Und er glitt auf einer Zeitung aus,
Und er verstand, was er verstanden hatte,
Und er hielt es für ein Zeichen,
Und er las in ihr
Und las den Aufruf,
Und, dass es ein Aufruf war,
Der ihn erreichen sollte,
Ja, er war an ihn ergangen,
Und er konnte helfen,
Und er ging nach Hause
Und verfasste einen Brief
Und stellte sich mit allen seinen Namen vor,
Es wären drei, so schrieb er.

Und er sprach von seiner Haut,
Von mir als sich
Und sich als einem dritten,
Und es war für ihn ganz einfach
Und verständlich.

Die drei Namen führten Eigenleben
Und sie kannten sich sehr gut.
Er schrieb als Beispiel,
Dass die Augen auf dem Eis gewesen wären
Und gelesen hätten,
Und sie hätten dort etwas für ihn entdeckt,
Das hätte er dann seiner Haut erzählt,
Und die berichte nun von ihm.

Und tags zuvor
Sei ihm ein gestriger Gedanke
In der Stadt begegnet,
Und der habe ihn gebeten,
Ihn von sich zu grüßen,
Und das hätte er versprochen
Und auch ausgerichtet.

Wie sich die Klugheit müht

Der Klugheit auf der Spur

Sie waren nun der Klugheit
Auf der Spur, die hing von vielem ab,
Und eine Klugheit konnte man noch nicht begreifen;
Wenn sie sich nicht zeigte,
Und wenn sie sich zeigte,
Maß man sie an andrer Klugheit,
Und sie wurde dadurch klug
Und dadurch dumm,
Und wenn man keine andre Klugheit kannte,
Maß man sie an dem Gefallen.
Das Gefallen galt dann der Person,
Sich selbst
Und weniger der Klugheit,
Und man lobte sie, wenn sie gefiel,
Und lobte damit sich
Und hoffte, dass es rundherum gefiel.

So konnte man die Elsternnester ruinieren
Ohne in den Baum zu klettern,
Und man hoffte immer wieder
Einen kleinen Schatz zu finden,
Der fiel in ein Niemandsland,
Man konnte Beute machen.

Jemand sprach zu mir
Und sprach mit mir,
Weil ich mich zu den Klugen zählte,
Und man wollte mir behilflich sein
Und gab mir einen Rat,
Um meine Klugheit zu beweisen:
"Stehe auf und gehe fort,
So wie du bist
Und halte gar nichts fest
Und halte dich an gar nichts fest
Und nimm nichts mit
Und lass dich nicht mitnehmen,

Bitte nicht und frage nicht
Und gehe,
Und wenn du gegangen bist,
Dreh' dich nicht um
Und sieh nicht mehr zurück,
Und daran können wir die Klugheit sehen,
Und wir lassen dich allein
Und bleiben nah bei dir
Und lassen dich zu deiner Sicherheit
Zugrunde gehen
Und von uns, das schwören wir,
Greift keiner ein".

Dann gaben sie mir ein Papier,
Das war nicht auszufüllen, wie ich dachte,
Sondern durchzustreichen,
Und ich las es aufgelistet,
Was mich meine Klugheit kosten würde,
Und ich hatte viel, viel zu verlieren
Und erinnerte mich gut,
Und das Papier war eng beschrieben,
Und ich strich geduldig alles
Auf den ersten Seiten durch.

Es waren meine ersten Seiten,
Dann wurd' mir die Zeit zu knapp,
Und ich riss alles durch
Und warf die Fetzen nicht zu Boden,
Sondern übergab sie dem Behälter
Und stand auf
Und war nicht klug genug
Und ging nach Hause,
Meine Klugheit zu besuchen.

Im Heiligtum der Klugheit

Sie war die Frau von ihm,
Und er war wegen seiner Wissenschaft Dozent.

Es war ein langer Weg dorthin gewesen,
Und am Anfang
War sie wenig int'ressiert an ihm,
Dann konnte er sich so qualifizieren,
Dass sie auf ihn sah
Und übersah den Mann nicht mehr,
Und er war auf dem Weg zu ihr,
Und ihre Bahn wurd' nun zu seiner Bahn,
Und ihre Fädelei
Wurd' ihm zu Faden,
Und er war ihr Mann,
Und sie war, wegen ihrer Klugheit,
Seine Frau
Und hatte auch studiert.

Und übermäßig liebten sie sich nicht,
Und später sollte sie einmal,
Da schoss sie über jedes Maß
Vertraulichkeit hinaus,
Zu ihrer Freundin,
Die sich nicht als ihre Freundin fühlte,
Fast ließ sie sich dabei gehen,
Später sollte sie einmal zu ihr bemerken:
"Könntest du den Mann, mit dem du lebst,
Im Monat öfter als einmal ertragen?
Mir wär' das zu viel".

Und zugegeben litt die Freundin,
Die ja keine Freundin war
Ein wenig unter dem Zuviel,
Und lachte über diese Frau
Und dachte auch sekundenlang,
Dass ein Zuviel, auch wenn es zu viel wäre,
Einer Dauerschweißung glich,
Die glühte wenigstens nicht aus

Und kühlt sich nicht zu Grunde,
Und sie hüllte sich mit ihrer Antwort
In ein Schweigen, als sie sprach:
"Ich weiß nur, wie es bei mir ist
Und ich werd' nicht gefragt
Und frag' auch nicht."

Die Frau goss ihre Klugheit,
Die sie pflegte und zur Blüte trieb,
Auf die Familie, die sie sehr schnell gründete,
Mit Eifer aus,
Und überall erreichten sie und ihre Lieben
Mit dem Fleiß
Und mit dem Wissen um die Gründe
Ihre Gründe,
Und sie lud die Mutter ihres Mannes,
Als sie Hilfe brauchte, wegen ihrer Kinder,
In ihr Haus
Und ließ sie sich im Haus bewegen,
Und ging außer Haus
Und war sehr stolz
Auf ihre Liebe zur Verwandtschaft,
Und sie wollte nun Verwandtschaftspflege treiben,
Und war stolz auf sich,
Weil sie der Frau
Den ganzen Tag den Ganztag überließ,
Und kam am Abend spät nach Haus'
Und fragte die Gewohnheit ab,
Da konnte nichts passieren
Und betrat mit einem Schritt,
Den zögerte sie noch hinaus, so lang' es ging,
Das Heiligtum, das Blank der Küche,
Das war ungemacht
Und vollgestopft mit der Benutzung einer Werkstatt,
Und sie schrie im Augenblick des Anblicks auf
Und ließ den Wahnsinn in ihr Haus,
Der macht sie zu einer Vorbestraften.

Und ein Weinkrampf griff nach ihr
Und riss die Schultern aus,

Dass ihr die Sprache
Bis weit in die Nacht hinein versagte,
Dann erst stellte sich
Die Klarheit der Gedanken wieder ein,
Und diese Strafe traf sie ungerecht
Und gar nicht vorbereitet,
Und sie würde niemals wieder
Etwas mit sich machen,
Was sie andren überließ.

Die Doppelfrau

Er hatte eine kluge Frau,
Und eine kluge Frau ist eine Doppelfrau,
Die lebt mit zwei Gesichtern,
Und sie zeigte ihm nur das Gesicht,
Das er verstand,
Und niemals das Gesicht mit dem
Sie zu ihm sprach, das sie verstand.

Und wenn sie mit ihm sprach,
Sprach ihr Gesicht mit ihm,
Und innerlich verfolgte sie,
Wie er auf das Gesagte reagierte,
Und sie steuerte mit kleinen Wünschen,
Kleinen Freiheiten, die sie ihm überließ
Und in ihm weckte,
Alles dorthin, wo sie es gern' hätte,
Und man sagte über ihn;
"Er ist in seinem Hause König",
Und sie sagte auch:
"Wir leben so mit ihm
Und richten uns nach ihm
Und überleben so mit ihm",
Und übertrieb dabei ein wenig,
Und sie dachte dann für sich
'Zum Glück bin ich die Klügere,
Und wenn er sich nicht lenken lässt,
Hab' ich die Schuld,

Weil ich ihn nicht bedachte
Und nicht daran dachte, wie er ist‘.

Und viel, viel Arbeit hatte sie
Von der Geschicklichkeit mit sich
Und ihrer Ungeschicklichkeit,
Die manchmal auf ihn fiel,
Dann ließ sie ihn schnell frei
Und schickte ihn in eine Wichtigkeit,
Die konnte er nicht nachvollzieh‘n.

Sie fragte ihn,
Wenn er aus einer Freiheit kam,
Und fragte niemals nach
Und niemals gleich danach
Und wartete, dass er zu ihr davon
Von ganz alleine sprach.
Das dauerte ihr manchmal viel zu lange,
Und sie dachte auch an ihren Schutz
Und wollte gar nicht alles wissen,
Und sie dachte auch,
Es wäre wieder ihre Schuld,
Wenn er mit einer Schuld nach Hause käm.

Er sprach im Traum,
Das war ihr zu gefährlich
Als die Tür zu andren Türen,
Und sie wagte nicht ihn auszufragen,
Und sie wäre manchmal gern'
Die Träumerin in seinem Traum gewesen,
Und der Traum war nicht ihr Eigentum,
Das gab sie zu,
Und las auch seine Post erst,
Wenn er sie ihr überließ
Und hoffte, das war wirklich klug,
Dass ihr der Zufall
Schlimme Dinge vorenthielte
Und sie ihr nicht in die Hände spielte,
Und er sah,
Wie sie sich mit der Klugheit mühte

Und verbarg ihr wenig,
Und es war kaum etwas zu verbergen,
Und, weil er es sah,
Sah er auch sich
Und gratulierte sich zu seiner Klugheit,
Eine kluge Frau
Im Haus' zu haben.

Mit den Füßen in der Kette

Angeschmiedet

Sie war als alte Frau zu alt
Und auch zu krank
Und hatte Kinder,
"Die", so würden Kinder sagen,
"Sind doch auch schon alt",
Und denen klagte sie ihr Leiden
Und beschwerte sich
Und jammerte herum,
Und sie ging wirklich krumm,
Und die Gelenke ihrer Hände, ihrer Beine
Waren runde Kugeln,
Die nach außen standen,
Und sie hatte ihre Schmerzen überall,
Und sagte so von sich:
"Wenn ich mich in dem Spiegel seh,
Seh ich,
Dass ich so krumm geh' wie ein altes Weib",
Und ihre Kinder lachten über sie,
Dass sie das alles nicht begriff,
Und Kinder würden
Von den Kindern dieser Alten sagen:
"Die sind selbst schon alt
Und gehen krumm,
Und keines ihrer Kinder ist so jung,
Dass es die alte Frau verlachen dürfte,
Und die passen gut zusammen".

Und die Alte gab kein Geld
Für ihre Leiden aus,
Und ihre Kinder hatten eine Last mit ihr
Und hätten sie schon längst
Der Anstalt überlassen,
Und das täten sie sofort mit ihr,
Wenn sie nicht wüssten,
Dass die Alte viel, viel Geld
Zu hinterlassen hätte,
Und das fiele alles einer Anstalt
In die Hände,
Und die Kinder rieten ihr nicht gut
Und dachten an ein Ende.

Und die Alte hätte gern' ein Ende,
Und sie gab den Kindern nichts,
Sie wusste auch warum
Und drohte mit der Anstalt,
Wo es ihr vielleicht in ihrem Zustand
Besser ginge,
Und sie gab es nicht vor sich
Und vor den andren zu
Und schwieg auch über die genaue Summe,
Die sie hatte,
Und die Kinder klebten mit dem Telefon
An ihrem Leiden
Und sie klebte wegen ihrer Leiden
An dem Telefon,
Sie ließen sich nicht aus den Händen
Und nicht aus den Augen,
Und die Alte dachte schlecht
Von ihren Kindern,
Weil sie sah wie schlecht die waren.

Und die Kinder dachten schlecht von ihr
Und dachten an das Gute, das sie hatte,
Und es dachten ihre Kinder
Und die Alte,
Dass es eine Lösung wär',
Stürb einer schon vorher.

Das dachte jeder von dem anderen
Und rechnete in Lebensjahren,
Die vielleicht noch waren,
Und sie teilten die Gerechtigkeit
Für sich mit neuen Zahlen aus,
Die hätte sich am Ende
Auszuzahlen.

Sehnsucht nach der Mitte

Er lebte in der Nähe des Kometen,
Und er hatte dort den Arbeitsplatz,
Und zog mit ihm
Und wusste, streng genommen , wenig über ihn,
Und so, in seiner Nähe,
War er kaum zu sehen.

Und er lebte im Kometenschweif,
Der war nur eine Lichtanhäufung,
Die sich in die Länge zog
Und endlos dehnte
Und in ständiger Veränderung befand.

Er sollte und er wollte ihn erforschen,
Und man forscht,
Wenn man an dem Kometen forscht,
Ein Leben lang an ihm,
Und das ist eine kurze Zeit,
Weil es im Leben des Kometen gar nichts ist.

Es ist nicht einmal so,
Als sähen wir auf einer Gehwegplatte
Die Ameise huschen.

Viel, viel weniger ist das Erforschen
Des Kometen,
Und man ist nie an der rechten Stelle,
Nie zur rechten Zeit,

Weil er ein unberechenbares Schleierleben
Führt,
Das ist,
Obwohl die Bahn genau beschrieben ist,
Dem Zufall unbekannter Schwerefelder
Völlig überlassen,
Und der Forscher kann nicht wissen,
Was es zu erforschen gibt.

Sehr einsam ist der Forscher,
Der dort forscht
Und nichts erforscht,
Weil auch das Leben des Kometen
Der Erforschung wert ist,
Und wie soll man die Veränderung,
Die sich nicht ändert, je begreifen.

Der Kometenschweif ist zu vergleichen
Mit den Lichtausschweifungen,
Wie wir sie von den Polen unsrer Erde kennen,
Wenn die Sonne sich nicht zeigt;
Und durch das Hirn des Forschers
Schießt aus unverständlicher Verbindung
Immer wieder ein Geräusch,
Das ist der morgendliche Schrei der Krähe,
Wenn sie durch die Kaltluft zieht
Und wenn sie sich vom Ast des Baumes
Dreimal oder viermal
Schreiend, fast zu weit,
Mit ihrem Kopf zur Erde neigt
Und doch nicht fällt.

Dies ist sein wahres Forschen,
Sein Objekt,
Und festgesetzt hat sich in ihm
Die Neugier nach dem Tier,
Und jeden Urlaub,
Der ihn in die Heimat führt,
Das ist die ganze Erde, ohne Unterschied,
Reist er in eine Gegend,

Wo es Krähen gibt,
Vereinzelt und in Scharen,
Und am meisten int'ressiert ihn ihre Sprache,
Und hier draußen, in der Einsamkeit,
Denkt er im Grunde pausenlos
An die Erforschung des Geschreis der Krähen.

Beringt

Sie saß an einem andren Tisch
In der Kantine,
Die lag tief im Rathaus,
Und ihr jugendliches Ausseh'n,
Ihre blasse Farbe,
Ihre zarte Schüchternheit,
Lag ohne, dass sie Essen vor sich hatte,
Zum Verzehr im Raum,
Sie war ein Taubentier, das saß ganz still
Und hielt die Augen offen
Und war nicht im Raum,
Sie war hier nur gehalten, eingefangen.

Und sie säße lieber auf dem Dach,
Dort hätte sie die kleine Freiheit,
Die sie brauchte.

Alles schien in Anspruchslosigkeit
Und einer Hoffnungslosigkeit,
In eine Traurigkeit zu münden.

Und es saß die Ältere an ihrer Seite,
Die aß viel und redete dazwischen,
Und die forderte das Mädchen auf,
Das lächelte in Artigkeit
Und pickte mit dem Kopf aus seinem Trinken,
Dann strich es die langen Haare
Mit den langen, schmalen Händen in den Nacken,
Und es waren Flugbewegungen,
Die sich im Sitzen machen ließen,

Ohne aufzusteigen,
Und es war bestimmt beringt
Mit tausend Höflichkeiten und Entschuldigungen,
Und entschuldigte sich für sich selbst
Vielleicht vor sich.

Die Mittagszeit in der Kantine
Ist die Illusion von einer Essbarkeit
All dessen, was gemacht wird,
Was zu machen ist,
Was andre machen
Und man selber macht,
Und diese Illusion an sich
Ist wieder eine Essbarkeit,
Die ist für manche keine Speise,
Und sie übergeben sich dabei
Und hüten sich mit angebor'ner Sicherheit davor,
Die kann man nicht erklären,
Und sie hinterlässt die Übelkeit
Und die Unsicherheit
Die überträgt sich als ein kalter Wind
Auf ihren Leib
Und alles, was der darin hütet.

Ein Meer in der Hand

Trinken aus dem Meer

Sie kam zurück aus dem Entwicklungsland.
Man gab ihr, ihr zu Ehren, den Empfang,
Und zwei von denen,
Die mit ihr im Ausland waren,
Waren tot.
Sie fehlten dort und hier
Und brachten doppelt Not.
Aus ihrem Kopf floh keiner der Gedanken
An die Überfälle,
An die Jagd auf Menschen,
An die Notwehr

Und die Rücksichtslosigkeit,
Und was sie sich am Anfang ihrer Reise
Von dem Land erhoffte, traf nicht ein.

Dort herrschte Krieg, der war nicht offiziell,
Und keiner kannte ihre Ärmelzeichen,
Die sie schützen sollten,
Und die anderen,
Die vor ihr angekommen waren,
Und schon bis zum Ellenbogen
In den Menschen gruben,
Die als Ärzte hoffnungslos versagen mussten,
Weil sie nicht versagen durften,
Weil sie ganz allein die Hilfe waren,
Diese anderen erschraken,
Als sie eine Tasche öffnete,
In der noch Ordnung übrig war,
Und sie erschraken,
Als sie eine Zeitschrift zeigte.

Darin warb man für den Lippenstift
Und Kleidung
Und für frische Luft
Und laue Stimmung,
Man erschrak,
Weil man es ganz vergessen hatte,
Dass es Länder gab, in denen gab es diese Dinge
Auch in einer Wirklichkeit,
Die war für die nicht wirklich.

Und es kam der erste Überfall,
Den machte sie schon mit,
Und Helfer, die sie hatten, halfen ihnen,
Weil sie um die Hilfe wussten,
Die sie von den Helfern hatten,
Und sie rettete den Autoschlüssel,
Der war nur versehentlich dabei,
Das Auto stand daheim
Auf einem andren Kontinent
In einer Tiefgarage.

Nach dem Überfall ging jeder an die Arbeit,
Und man musste ihr die Arbeit
Nicht erst zeigen,
Sie war Ärztin wie die anderen,
Und ihre Tasche, ihre Kleider,
Ja, sie selbst, sah nicht mehr aus
Wie noch vor einer Stunde,
Und die Zeitschrift lag nun auf dem Boden
Und war aufgeschlagen
Und sie sah die Werbung, die blieb ganz in sich,
Es war der Schrecken von vorhin,
Der holte sie für sich
Noch einmal ein.

Hier gab man ihr zu Ehren, den Empfang
Und war sehr rücksichtsvoll mit ihr,
Und einen ersten Tanz mit ihrem Vater
Nahm sie an
Und weinte bis zur Mitte der Musik
Auf seiner Schulter,
Dann gab er sie ab an einen jungen Mann,
Mit dem war sie verlobt,
Das galt noch immer,
Und sie konnte sich nicht mehr daran erinnern,
Und sie würde das Versprechen lösen,
Wenn sie sich ein wenig wieder
Eingebunden hätte.

Die Entstehung eines Meeres

In der Schule gab es einen Tanz,
Den tanzten Eltern, Lehrer, Kinder,
Wenn es hieß:
"Wir wollen alle tanzen",
Und den führte eine Lehrerin,
Und alle schlossen sich ihr an
Und bildeten die lange Schlange,
Und es war ein Schulfest und ein Kinderfest.

Und an der Schule gab es nur noch eine Unterstufe,
Und die Kinder waren klein
Und leicht zu lenken,
Jedenfalls an diesem Fest,
Und sonst gab es die Schwierigkeiten,
Die dann später bei den Schülern
Zur Erinnerung an ihre Schule
Und an ihre Lehrer auskristallisierten
Und sich modellieren ließen.

Auf den Festen führte eine Lehrerin den Tanz,
So war es üblich,
Und auf diesem Fest griff sich die Lehrerin
Aus Spaß und Übermut die Kleinste,
Die dort stand und rief ihr zu:
"Du führst uns alle an
Und denk' daran, wir werden eine lange Schlange".

Und die Kleine sah die große Möglichkeit,
Und lange wurde man von ihr, der Kleinen, reden,
Und sie gab den Einsatz,
Und es hängten sich die
Schüler, Eltern, Lehrer,
Kinder, die als Gäste in der Schule waren,
An das Kind,
Das führte alle gut
Und lauschte stets auf die Musik,
Dass sie ihr nicht verloren ging.
Und ließ die Türen auf
Und ging vorbei an allen Spielen
Dieses Tages
Und vorbei an einer "Goldsandwaschanlage",
Die war nur für Kinder
Und war heut' das Allergrößte,
Darin lagen, in dem Sand versteckt,
Die Steine, die mit Gold besprüht,
Zum Goldstein wurden,
Und die musste man im Sand entdecken,
Und vorbei an allen Lieblingsplätzen,

Und sie dachte immer an die Schlange,
Dass sie nicht zerriss.

Sie machte ihre Sache schließlich besser,
Als die Lehrerinnen
All die Zeit zuvor
Und alle staunten über ihr Gefühl
Für die Musik
Und für die Schlange,
Und man sprach auch noch Zuhause
Von dem kleinen Mädchen,
Und man rätselte in dem Kollegium,
Was aus dem Kind mit der Begabung
Und mit dem Naturtalent
Noch alles werden könnte.

Die Speisung eines Meeres

Sie tanzten in der Meisterschaft
Als Paar auf schwarzem Eis
Und waren in der Meisterschaft
Und brauchten darum nicht zu tanzen,
Und sie waren nun die Meister aller Meister,
Und sie hatten die Gelegenheit
Den Tanz zu tanzen,
Der wurd' nicht bewertet
Und erhielt die höchste Wertung überhaupt.

Und in der Halle, um die Eisbahn,
Saßen viele tausend Menschen,
Und die froren nicht
Und schwiegen sich im Fieber an,
Und in den Ländern,
Wohin man das Schauspiel übertrug,
Erwarteten Millionen,
Die viel näher saßen, als die Menschen in der Nähe,
Diese wenigen Minuten,
Und der Tanz begann mit einem Aufschwung,
Der die Tänzerin als Feder

In die Arme ihres Tänzers hob,
Und die Geschwindigkeit der Gleitenden
Nahm zu.

Das konnte man sich nicht erklären,
Und man wusste auch,
Dass jede Leichtigkeit
Die größte Schwierigkeit bedeutete.

Sie glitten weiter übers Eis
Und machten die Musik
Zum Ausdruck ihres Tanzes,
Und sie wurden eins,
Und trennten sich
Und blieben ungetrennt
Und blieben unzertrennlich,
Und sie kamen eng zusammen,
Dass sie ineinander liefen,
Und sie stießen sich, das sah man, voneinander ab
Und hielten sich ganz fest an ihren Händen.

Und der Widerspruch in ihrem Tanz
War die Vollendung,
Die verstand man ohne die Musik,
Und die verstand man als die Reihe
Schneller Bilder,
Die sich aneinanderreihten,
Jedes Bild erlebte sich und wurde mitgeteilt,
Und jedes Bild war ein Erlebnis,
Das war nicht zu teilen,
Weil die Schwierigkeit verlorenging,
Und übrig blieb die ganze Leichtigkeit,
Die machte man sich leicht zu eigen.

Und die beiden tanzten durcheinander,
Und er ließ sie fallen,
Und sie schlug nicht auf,
Und eine große Zärtlichkeit,
Wie man sie nur sich selber bringen konnte,
Machten sie zum Spiel,

Das spielte sich nicht auf,
Das übertrug sich auf die Leute,
Und es wurde in den fünf Minuten dieses Tanzes
Eine unerfüllte Ewigkeit,
Die ließ man ungern frei,
Und die zwei taten es nun doch
Und machten einen kühnen Schritt,
Den hatte man noch nie gesehen,
Und sie glitt mit ihm verschmolzen
Über Kopf auf seinen Händen stehend,
Dass die Leidenschaft auf sie hernieder brach,
Und einige, die das empfanden,
Stöhnten auf im Schmerz,
Den konnten sie nicht spüren,
Und der Tänzer und die Tänzerin
Verlangten ihren Körper ganz,
Und die Musik verlangte mehr von ihnen,
Und sie schlang den Leib um seine Beine,
Und sie hielt sich daran fest,
So tief es ging, und glitt nicht auf dem Eis
Und stützte sich als Menschenring
Auf seinen Füßen ab.

Und beide glitten so,
An sich
Mit sich
Um sich gefesselt, als Gefesselte,
Die konnten sich nicht voneinander trennen,
Und die Menschen klatschten nicht,
Weil sie gefesselt waren,
Und man hatte die Musik schon ausgeblendet,
Und es war ein Blendwerk
Höchster Kunst,
Das wollte man mit Beifall nicht zerstören,
Und die Tänzer glitten
Auf den Ausgang zu,
Der wurde nun zum Eingang,
Dort erst brach das Schweigen
Der Verzauberung von den Verzauberten.

Die Tür, die nicht ins Freie führt

Der Wert in Liebesdingen

Sie dachte auch,
Sie müsste nun ihr Kind verkaufen,
Nicht, wie man ein Kind verkauft,
Wenn man es kauft.

Die Tochter war schon groß,
Und ihre Mutter war besorgt.
Die Tochter ließ nicht
Über sich bestimmen
Und bestimmte selber über sich
Und dachte auch,
Dass sie sich bald verkaufen müsste,
Nicht, wie sich die Frau verkauft.,
Die man sich kauft,
Und ihre Jugend ließ schon nach,
Und andre Werte mussten sie ersetzen.

Und sie hatte den Erfolg,
Der lief ihr in Geschäften nach
Und war ein Wert,
Der war in Liebesdingen gar nichts wert,
Und Liebesdinge ohne Wert
Bewertete sie plötzlich hoch
Und gab sich leichter, schneller hin
Als früher,
Und die Mutter dachte an das Glück der Tochter,
Das sie ihr beschrieb,
Die lachte über ihre Mutter
Und verbot ihr,
Sich ins Glück der Tochter einzumischen.

Und sie reiste einem Mann,
Den kannte sie erst kurze Zeit,
Von einer Weltstadt in die andre nach
Und müsste, wenn sie bleiben wollte,
Den Erfolg verkaufen,

Und er fand es gut,
Wenn sie sich nicht verkaufte
Und verlangte viel von ihr,
Denn sie war auch bereit,
Sich an ihm aufzugeben,
Und wenn der Erfolg sie lassen würde,
Könnte sie sich um die Dinge kümmern,
Die sie selbst betrafen,
Und sie dachte an Familie
Und an Häuslichkeit,
Und alles konnte sie nicht retten
Und entschied sich nicht,
Um sich nicht zu entscheiden,
Und er dachte, dass sie sich entschieden hätte,
Und sie zog ihm nach
Und reiste mit mit ihm
Und ließ sich vom Erfolg begleiten,
Der erwies sich als ein schlechter Wert,
Und eine andre stille Frau,
Von der er heimlich Post empfing,
Band ihn an sich
Und war ihm gar nicht fern
Und gab ihn dabei immer wieder auf
Und hatte schon von ihm Familie
Und bereitete ihm Häuslichkeit,
Wenn er nach Hause kam.

Die beiden Frauen
Hatten nie von sich gehört
Und wussten voneinander nichts
Und würden,
Wenn es weiter so gut ginge,
Nie von sich erfahren.

Die Unterstellung

Sie liebte ihren Mann
Und hatte ihn sich ausgesucht
Und hatte Glück gehabt
Und ihn bekommen,
Und er hatte erst die Andere,
Dann war sie wie die Andere,
Dann war sie anders als die Andere,
Dann war sie selbst die Andere,
Dann war sie anders und sie selbst.

Das hatte sie sich aufgebaut,
Und heute wusste sie,
Dass sie den konstruierten Mann
Als Konstruktion erhalten hatte,
Und sie hatte ihn um sich
Vielleicht auch sich um ihn geschaffen,
Heute wusste sie,
Dass sie die Konstruktion nicht liebte.

Und sie liebte einen andren Mann,
Der wusste davon nichts,
Der würde sie nie lieben können,
Und sie war ja eine große Frau,
Die überragte ihn,
Das nahm ihr jede Illusion,
Und neben ihm lag eine andre Frau,
Und beide drehten sich als Doppelstern
Um eine unsichtbare Mitte,
Darin war kein Platz
Für einen Dritten,
Und sie liebte ihn,
Wenn sie in seiner Nähe war,
Bis hin zur Selbstaufgabe,
Und sie brach um seinetwillen
Die Gespräche ab
Und sah ihn an
Und sprach in Ruhe weiter ohne jeden Sinn,
Der war ganz auf den Mann gerichtet.

Und sie wurde vor ihm klein
Und würde gut in seine Arme passen,
Und sie sprach mit anderen dabei
Und malte sich die Einzelheiten aus.

Und er war immer mit den anderen beschäftigt,
Und sie klebte ihre Blicke fest an ihn,
So konnte er ihr nicht entkommen,
Und sie schrie mit ihrem Innenmund
So laut sie konnte,
Rief nach ihm,
Und sie sei nur für ihn
Und dachte auch, mein Gott,
Ich habe doch schon Kinder,
Und sie fing ihn ein.

Er ließ sich irritieren,
Und sie dachte sich,
Nun merkt er endlich, was ich will,
Und er schlug, dass sie es nicht sah,
Die Augen nieder,
Und er dachte, was sie dachte,
Und sie wäre eine Frau
Aus andrer Hand,
Die würde er niemals berühren,
Und er schämte sich,
Dass er ihr die Gedanken unterstellte.

Der völlig falsche Platz

Neben mir
Saß ihre Freundin
Und die rief sie an.
Sie sprach mit ihr
Und neben mir war das Gespräch.

Sie sprachen über mich,
Und dass ich es nicht hören durfte
Und ich hörte auch nicht hin.

Die Freundin kam nachher zu mir
Und sagte gleich,
Dass sie versprochen habe,
Mir von ihr nichts zu erzählen,
Und es sei belanglos
Und nur eine Kleinigkeit,
Sie wüsste ja,
Dass wir uns fast ein Jahr
Schon nicht mehr sehen
Und uns nicht mehr sprechen,
Uns nicht sehen und nicht sprechen durften,
Und das käme nur von mir,
Und sie, von der sie sprach,
Sah es nicht ein
Und richtete sich nur danach,
Weil sie erhoffte, dass sie mich,
Wenn sie in meinem Sinne still hielt,
Dass sie mich in meiner Unnachgiebigkeit
Bezwingen würde,
Und sie war in ihrer Liebe sicher,
Und von mir war ihr,
Was sie sich nehmen konnte,
Ohne dass ich es verwehren konnte,
Reichlich,
Und ich würde ihr, so glaubte sei,
Wenn ich Gelegenheit bekäme,
Freiwillig die Liebe bringen.

Und ich stünde der Gelegenheit entgegen
Und so sprach sie mit der Freundin,
Und die sprach mit mir,
Sie sprach so über ihre Freundin doch mit mir,
Und die sprach gut zu mir
Und sah, dass ich die Liebe
Für sie hegte,
Und ich war nicht frei davon
Und gab es vor ihr zu
Und gab der Freundin recht,
Doch nicht vor ihr,

Das würde sie ihr wohl berichten,
Und dass sie mit mir gesprochen habe,
Und ich wär für diese Liebe gar nicht frei
Und hätte meine Freiheit zu verlieren.

Und sie sagte auch zu mir,
Dass sie ihr sagen würde,
Wie mich jeder Anruf quälte
Und ich bat die Freundin trotzdem
Mich nicht auszulassen,
Und der Anruf heute, sagte sie,
Sei eine Kleinigkeit gewesen,
Ihre Freundin habe einen freien Nachmittag
So habe die ihr mitgeteilt,
Und sei alleine auf dem Eis.

Ich wusste also wo sie war und wann
Und fuhr auf meinem Heimweg,
Spät am Abend nah daran vorbei,
Und quälte mich am Nachmittag
Mit meinem Wissen
Und sah aus dem Fenster auf die Leute,
Und es war ein völlig falscher Platz,
Und ich nahm mir nicht frei
Und kämpfte weiter meinen Kampf
Und gab mir noch nicht nach.

Im Zwischenraum

Kampfschwimmer

Wie gingen auf ein Fest,
Das war gut vorbereitet,
Und die Hausfrau hatte alles vorbereitet,
Und es war nichts vorbereitet,
Und sie brachte eine kümmerliche Speise,
Darauf war sie stolz,
Und die Gespräche gingen um die Gräser
Immer gleicher Wiesen,

Die in ihrer Nähe lagen,
Und darüber lag nun Schnee.

Man sprach noch vom Verfall der Preise,
Dann vom Alter,
Vom Verfall der Häuser
Und den Häusern, die man selber hatte
Und die immer leerer wurden,
Und in diesen Häusern wuchsen
Viele Räume leer.

Ich hatte mich gut vorbereitet,
Und ich wollte aus der Eigenarbeit lesen
Und war gar nicht vorbereitet,
Und es fragte niemand mehr danach,
Und zählte die Tapetenmuster,
Die sich wiederholten,
Stellte in Gedanken alle Möbel auf den Kopf
Und baute daraus Höhlen,
Die in diese Landschaft passten,
Und ich zählte alle Dielenbretter,
Und man unterbrach mich,
Und ich stimmte zu und hatte dabei Glück.

Dann trank ich aus dem Wasser,
Das stand mir direkt am Mund
Und dachte an ein Königshaus,
Das machte eine Feuerübung auf dem Schloss.

Die Königlichen, die dort wohnten,
Freuten sich
Auf diese Unterbrechung,
Und es gab kein Feuer,
Und man übte diese Übung,
Weil es eine Übung war,
Die konnte sehr schnell wahr sein,
Und nur eine Frau,
Die Schwester dieser Königin,
Verlachte dieses Feuer, das kein Feuer war.

Die andren nahmen alles ernst,
Und drängten sie,
Aus der Gefahr zu fliehen,
Und es war umsonst,
Und sie entschlossen sich zuletzt,
Sie ihrem Schicksal und dem Feuer,
Wie sie war, zu überlassen,
Und man gab die Rettung auf,
Sie durfte,
Wo sie war, verbrennen,
Und die andren lebten alle in der Rettung
Und im Überleben,
Und es war ein neues Wertgefühl,
Das, sagte die Verbrannte,
Wäre gar nichts wert,
Sie sollten alle erst einmal verbrennen
Und dann überleben,
So wie sie,
Dann könnten sie von einer Rettung reden,
Und die andren lachten über sie,
Es sei Geschwätz aus königlichem Mund.

Das Fest,
So sagte man auch hinterher zu mir,
Sei sehr gut vorbereitet.

Ablaufende Wasser

Einen Zettel fand ich gleich bei meiner Suche,
Darauf las ich den Termin beim Arzt
Und einen anderen Termin
Zur Probe meines Chores.

In der Tasche lagen andere Termine,
Die schon lange nicht mehr galten,
Und ich hatte sie verpasst.

Vom Keller her kam unerwartet
Ein Geräusch,
Das riss mich aus den Überlegungen,
Und ich erschrak so tief,
Weil ich nicht an die andren dachte.

Meine Frau stand auf der Treppe,
Und die kannte mich
Und hatte das Geräusch gemacht,
Dass ich mich nicht erschrak,
Wenn sie erscheinen wurde.

Zwischendurch fiel mir ein halber Sinn,
Ein Wort, das ich noch nicht verstanden hatte, ein,
Das schrieb ich auf
Und legte es auf die Termine,
Die verschoben sich dadurch,
Ich dachte an die großen
Bilder einer Werbung,
Die um gar nichts warben,
Und man wartete gespannt.

Die Werbung zeigten einen Eisberg, der im Eismeer
Völlig einsam schwamm,
Und über ihm sah man die Silhouette eines Flugzeugs,
Das, erkannte man sofort,
Befand sich auf dem Irrflug,
Und ich wusste nicht,
Woran ich es erkannte.

Und das Bild ließ mich nicht los,
Und wenige Sekunden später,
Dachte ich an unsre Postbotin,
Die trug nicht mehr die graue Kleidung
Grauer Boten,
Sondern trug, was ihr gefiel,
Und damit fiel sie auf,
Weil sie die Fingernägel schwarz lackierte,
Ihr Gesicht mit grellen Farben färbte,
Ihre Kleidung stahl sie aus den Pop-Gemälden,

Die in dem Museum hingen,
Dorthin kam sie nie,
Und ihr Empfinden hatte sie nicht aus der Kunst
Und hatte eine weiße Haut
Und war nun schon das dritte Mal
Von einem schwarzen Manne schwanger,
Der war völlig farblos,
Und sie liebte ihn,
Und sie bestimmte über ihn,
Und er tat alles, um ihr zu gefallen.

Und ich dachte an die jungen Leute,
Die in der Verachtung
Und in Selbstgefälligkeit
An einer Straße lagen
Und mit zwei dressierten Ratten spielten,
Und ich ging nun endlich los
Und kam vorbei an dem Plakat,
Traf auf die Postbotin
Und überquerte jene Straße mit den jungen Leuten,
Und mir fehlte immer noch
Der andre halbe Sinn,
Der stellte sich nicht ein.

Irrealität

In der Frühe dieses Morgens
Fuhr ich noch im Zug
Und hatte eine ganze Nacht darin
Mit Reisen zugebracht,
Die führten durch ein fremdes Land,
Und am Geschrei der Möwen,
Die schon in den Wagenfenstern standen,
Hörte ich das nahe Meer zuerst.

Die Schienen liefen durch das seichte Wasser,
Durch ein grünes Glas,
Das lebte an der Oberfläche,
Liefen als ein Reißverschluss der Irrealität uns nach.

Es war ein Reißverschluss, der sollte
Wahrnehmung der Sinne mit den
Sinnen dieser Wahrnehmung verbinden
Und in der Verbindung auseinanderreißen,
Und dazwischen stand der Schrei der Möwen,
Der hielt sich an gar nichts fest
Und fiel auf's Wasser
Und ertrank darin.

Die Wasser schrieben in den kleinen Wellen
Eine Schrift, die konnte ich nicht lesen,
Und ich rätselte trotzdem herum
Und sah durch sie hindurch
Auf einen hellen Sand,
Der war wie sie beschriftet,
Und ich las darin nun unsre Fahrgeräusche
Und ich rundete den Mund
Und hielt ihn in den Fahrtwind,
Und der sang auf ihm und klang in mir
Und machte mich zu seiner Resonanz
Und meine Augen sammelten dabei vom Horizont
Die Sonnenperlen ein,
Die fielen dort ins Wasser,
Und es war ein Feuerwerk
Das nicht zu hören war
Und trotzdem war es nicht zu überhören.

Und der Abstand zwischen Land und Sandbank
War gleich groß,
Der Abstand zwischen mir
Und dieser leeren Weite, fast schon unermesslich,
Und ich war darin im Nachteil.

Ich versuchte alles, mich zurechtzufinden,
Und ich sang ein Lied, das sich ergab,
Und dachte, so ergeben sich die Liebesspiele,
Die sich nicht erzwingen lassen
Und die sich,
Weil sie die Liebe zeigen,

Von alleine zeigen,
Und sie brauchen keine Lehrer,
Und sie sind ein Spiel,
Das spielt man mit sich selbst am anderen
Und umgekehrt,
Und ich war Wind
Und war im Wind
Und war am Horizont
Und an der Sonne
Und im Wasser
Und im Sand
Und auf der Sandbank
Und in jedem der Geräusche,
Und das alles war an mir
In mir
Und teilte sich mit mir,
Mir mit,
Und Wahrnehmung
Wurd' mir zur Wahrgenommenheit,
Und meine Sinne spürten eine Sinnlichkeit.

Der Raum dort draußen
Schuf sich eine Räumlichkeit in mir,
Und später würde ich die Augenblicke
Nicht beschreiben können,
Und sie würden unbeschreiblich bleiben,
Und ich musste mich sofort als Raum,
Der zwischen Räumen lag,
Beschreiben.

Weitere Veröffentlichungen von Harald Birgfeld in Druck und Herstellung bei:
Books on Demand GmbH, 22848 Norderstedt und online.

Lyrik:

Alsterwanderweggedichte, *41 zeitgenössische Gedichte, (illustriert), 48 S.*
..and I said to myself, what a wonderful world, *36 Gedichte mit*
fantastischen Inhalten, 44 S.
Auf deiner Reise zum Rande im Rande des Randes der Sonne *187*
Gedichte: Im Innern der Sprache werden Kräfte freigesetzt. 184 S.
Die Insassinnen, *Epos, Lyrik, Außenlager KZ-Sasel, 136 S.*
Die Zeit der Gummibärchen ist vorbei, *76 zeitgenössische Gedichte,*
(illustriert), 108 S.
Feuer, das zur Speise wird, *114 Gedichte aus meiner digitalen Welt, 68 S.*
Für dich..., *43 Liebesgedichte und 15 Augen-Blicke, 32 S.*
Gedichte, veröffentlicht in ausgewählten Anthologien, und Namenlos
von meiner Insel, *42 Briefe, Lyrik, 108 Seiten,*
Großes Liebestestament, *68 Liebesgedichte, 144 S.*
Honigweißer Duft, *14 fantastische Gedichte, 32 S. dabei 14 farbige Seiten.*
Liebestestament, *37 Gedichte Liebeslyrik, 44 S.*
Mund aus Glas am Rand aus Fleisch, *114 Gedichte,*
Schwarze Liebeslyrik, 120 S.
Sofortige Lähmung, *112 Gedichte aus dem Innersten, 72 S.*
Unter einem Mikroskop, *36 Gedichte für eine parallele Welt, 28 S.*
Von Haut zu Haut, *132 Gedichte: Was macht meine Liebe an dir und an mir*
mit mir und mit dir? Liebeslyrik. 48 S.
Wir gerieten in den Gürtel der Meteoriten, *10.000 Aufschläge, Band*
14: Aufschläge 6502 – 6999, ca. 500 Strophen aus einem Zyklus
von 10.000 Strophen. Lyrik. 224 Seiten
Wo die schwarzen Blätter wachsen, *129 erotische Gedichte? 76 S.*

Lyrik von Harald Birgfeld erschien in mindestens 27 Anthologien

Prosa:

Die Tätowierungen der jungen Tanja W. : *„Die Tätowierungen der jungen Tanja W." handelt von der Selbstsuche und Selbstfindung einer jungen Frau, 132 S.*

Fünf Veröffentlichungen/Five Publications (deutsch/englisch), *32 S. Format A5 (1 Band)*
Theorie und Utopie der eigenen Zeit,
Theorie und Utopie der anderen Zeit.
Die Zeit der Gleichungen ist vorbei
Societ lyrics, was ist das?
Folienbilder-Entstehung

Kleine Fibel Arbeitsschutz *(für die praktische Arbeit)* an:
„Hochschulen", „Kindergärten", „Schulen" (3 Bände)

Trennung von B.
Phänomen, Trennung, 2017, 148 S. A 5
Pina Bausch, *Nachruf*
Vom Sterben nach dem Tod
Warten auf die Anderen.
Trennung erster, zweiter und dritter Art, 104 S.

Weitere Veröffentlichungen von Harald Birgfeld, derzeit **online** *unter* **www.Harald-Birgfeld.de**
Im Volltext für jedermann zugänglich und einsehbar.

Lyrik:

Bärbel und Harald, Epos, *Gedicht in 93 Teilen*
Die Frau des Terroristen, *53 Facettengedichte*
Die Insassinnen, Theaterstück, *Außenlager KZ Sasel, 3 Akte*
Gespräche dritter Art, *90 zeitgenössische Gedichte*
Gespräche zweiter Art in Art der Art, *89 zeitgenössische Gedichte*
Wir gerieten in den Gürtel der Meteoriten, *10.000 Aufschläge,*
23 Gedichtbände